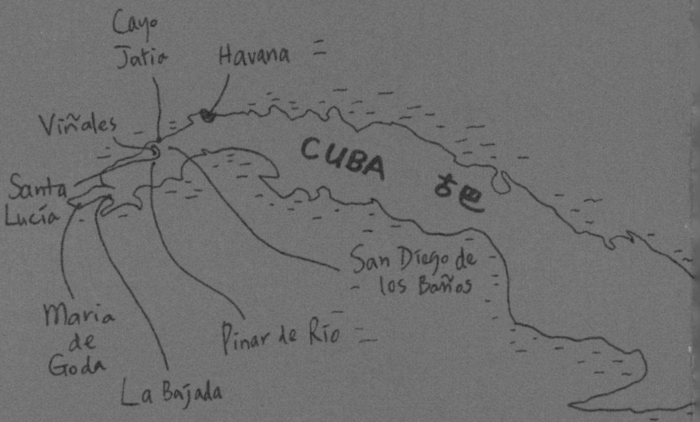

古巴精神！

一千一百萬人的奇蹟，與逆風而行的勇氣

陳惠芳 著

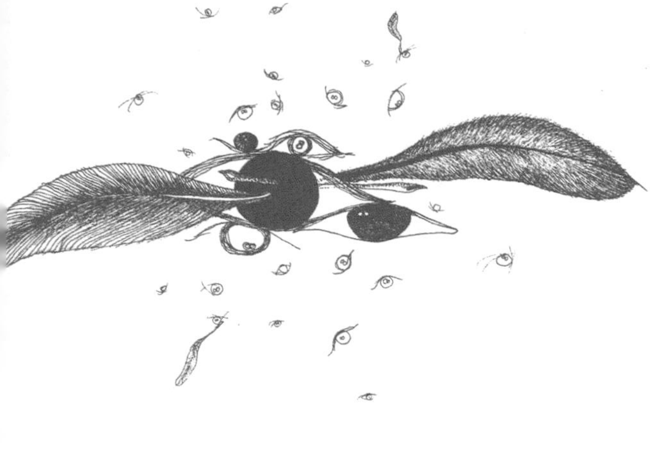

Relojero
Relojero
Se reparan
TODO TIPO DE RELOJES
AGUA SIN LIMITE
AGUA GOTEADA
Julio... el joven que
Granma
Gratitud hecha honor
Preside Díaz-Canel delegación cubana a la Toma de Posesión de Daniel Ortega
POR MI BANDERA MI CULTURA Y MI PAÍS ESTOY AQUÍ
RINCON de LOS Milagros
Vivirás por siempre en nuestros CORAZONES

SE VENDE
HFB742

26 JULIO
26 JULIO
SOMOS
Y SEREMOS
SOCIALISTAS
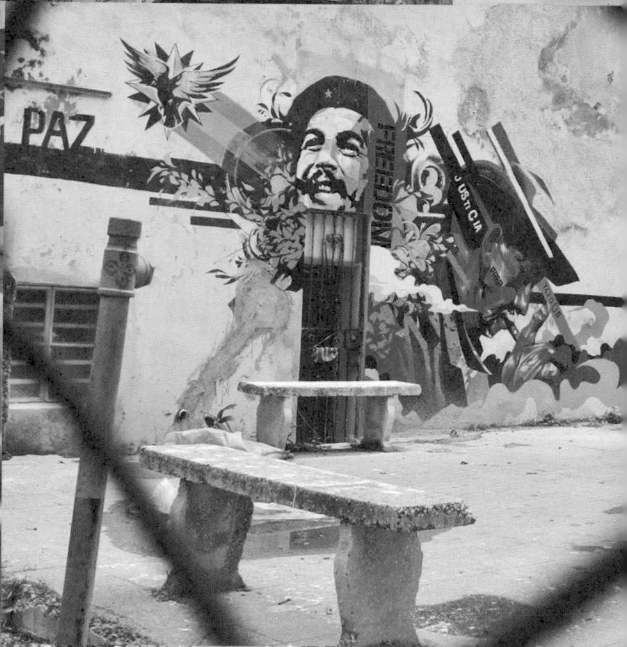
PAZ
JUSTICIA

*REPAYACION
DE COLCHONES
Y MUEBLES*
COM GARANTIA
*TELEF: 8-31-90-79

〔前言〕

逆風而行的勇氣

這陣子，身邊的朋友都嚷著要去古巴，趁這個加勒比海蕞爾小國還沒有被所謂自由世界變得面目模糊前，感受一下聞名已久的匱乏、簡樸、樂觀、熱情、創意，以及無比的韌力和堅持……。這些品質不缺，在不同地方也許都可以尋獲。只是，把一切集於一身，再加上獨特的風土文化，歷經殖民侵略／資本壟斷／革命抗爭／經濟封鎖／社會主義的熬煉，這個人口只有一千一百萬的小國，一直成為號稱「自由民主資本社會」對抗「專制獨裁共產社會」的種種想像和慰藉的投射與歸宿。

二〇〇三年首次踏足古巴後，經常遇到的問題是：古巴人生活困苦嗎？他們有言論自由嗎？行動有限制嗎？卡斯楚是獨裁者嗎？其時，我這個只匆匆勾留了十來天的遊客，總覺得詞窮。匱乏顯而易見，出版媒體只那幾家，人們新年願望就是出國，大鬍子卡斯楚的長篇演說是電視電臺的主要節目……。只是，讓人印象深刻的是在熾熱的熱帶驕陽下，平民百姓那種自在

SÁBADO 26
NOVIEMBRE 2016
La Habana
Año 58 de la Revolución

EDICIÓN ÚNICA
CIERRE: 6:30 A.M.

AÑO 52
No. 285
20 ctvs

Granma

trabajo que sale de sus manos

ÓRGANO OFICIAL DEL COMITÉ CENTRAL DEL PARTIDO COMUNISTA DE CUBA

¡Hasta la victoria siempre, Fidel!

Querido pueblo de Cuba:

Con profundo dolor comparezco para informar a nuestro pueblo, a los amigos de nuestra América y del mundo, que hoy 25 de noviembre del 2016, a las 10:29 horas de la noche, falleció el Comandante en Jefe de la Revolución Cubana, Fidel Castro Ruz.

En cumplimiento de la voluntad expresa del compañero Fidel, sus restos serán cremados.

En las primeras horas de mañana sábado 26, la Comisión Organizadora de los funerales brindará a nuestro pueblo una información detallada sobre la organización del homenaje póstumo que se le tributará al fundador de la Revolución Cubana.

¡Hasta la victoria siempre!

Decreta el Consejo de Estado Duelo Nacional

（上）二〇一六年卡斯楚過世的報導，洛陽紙貴。（下）街頭不乏自在快樂的音樂人，是生活也是生計。

和樂觀、毫不吝嗇的健康燦爛笑容，以及斑駁多彩和自由奔放的樂韻和舞蹈。

西班牙詩人和哲人加西亞．羅卡（Garcia Lorca）說過：「到過古巴的人，準會愛上它，但你會慶幸，你不用在這裡生活。」今天的古巴跟羅卡當年的古巴已經很不一樣，再不是那紙醉金迷的加勒比海小巴黎，不再是美國的搖錢樹。然而，鈔票滿袋的遊客今天仍然可以在大酒店享受美酒佳餚，在為數不多的音樂廳酒廊夜店盡情勁舞狂歌，加勒比海依然清澈蔚藍，混和了世界不同血統的古巴人出落得越發誘人。今天，不缺的還有那已經快滿六十年的社會主義革命浪漫精神，表現在無處不在的切．格瓦拉迷人的畫像，以及街頭搶眼的大型政治宣傳畫中。作為一個遊客，古巴散發著一股不能抗拒的魅力。

一而再、再而三叩門，卻不是眷戀島國的陽光海灘音樂舞蹈……，許是緣分，許是因為那許多一直沒有答案的疑惑，以及更多的好奇，還有越來越濃的感情。是隨著更多的接觸和相處，認識的人和事變得更立體，更有血肉，更多色彩，更有層次，以及心中更不可言說的滿溢。如是，不期然又踏上旅途。

關於古巴的書寫不缺。走在古巴的街頭，跟尋常百姓一起排隊擠車購物，站在路邊享受新鮮出爐的十古巴披索（約五分美元）薄餅、兩披索烤花生米，聽他們細說家常……眼淚歡笑甜酸苦辣百般滋味。一個地方的前世今生，是那裡每一個人以及他們生活網絡錯綜絞纏、不斷編織的結果。千差萬別，既有共同的卻有更多不同面向。大政治就是小政治的綜合總和。我們無法也不可能得出一個唯一，一個古巴。

告別卡斯楚：一個新時代的開始

二〇一四年十二月，古美宣布終止為期超過半世紀不相往來的敵對外交關係。美國總統歐巴馬坦言承認，五十多年來各種針對古巴社會主義政權的伎倆都沒有奏效。二〇一五年中，美國星條旗再次在哈瓦那飄揚，標誌著另一個時代的開始。小小的古巴奇蹟般頂住了泱泱大美幾十年全方位的打壓破壞。就像在二〇〇六年中，古巴強人與革命領袖費德爾．卡斯楚（Fidel Castro）病危，弟弟勞爾（Raúl Castro）接位，古巴進入新的一頁。十年過去，大鬍子卡斯楚奇蹟般

哈瓦那市中心的海報「我是費德爾」──卡斯楚無處不在。

依然健在，二〇一六年八月卡斯楚慶祝九十歲生辰。退位這許多年，電視儘管再沒有他的長篇演說，只是他那枝健筆，依舊不時月旦春秋。二〇一六年十月以九十高齡離世前不久，他還不時接見外國政要。在四月古巴共黨大會上，他似乎預告了自己那永遠的缺席：「不久，我將像所有那些已安息的人一樣，我們的大限依序而來，而古巴共黨的信念將長存。」在古巴，似乎沒有什麼是不可能的，古巴人相信生活有很多可能性，一切在乎心。

相隔近十年後，我又再度叩門，穿梭那熟悉的大街小巷，細閱古巴朋友臉上的歲月痕跡，從他們千萬種當下和嚮往出發，再一筆一劃細細書寫——我們的古巴。

就像十年前在古巴，我打開觸感，一路寫一路畫，一路豐富感知一路反覆細細體會，某些感覺某些細節某些色彩，是如此純粹獨特細膩多姿，眼睛碰上，耳朵錄下，鼻蕾觸碰，皮膚毛髮黏著，就希望用語言用不同的方法呈現，再現。如是，有了文字的圖像，有了圖像的飛翔，有了故事。

再一次衷心感謝所有在島國上頑強生活的古巴人，感謝讓我進入他們多彩生命的古巴朋友，感謝跟我一起走許多趟古巴的好姐妹，已經是半個古巴人的美玲。是她／他們給予這一趟書寫和繪畫溫度、力量和呼吸。

（上）禁運標語「古巴 vs 禁運」。（下）街頭，自在得樂。

〔序曲〕

一千一百萬人的奇蹟

古巴首都哈瓦那二〇一五年除夕夜據說有漫天花火，絢爛繽紛的畫面在世界各地的電視新聞中閃動。這邊廂，古巴國營電視則播放著一幅幅解放革命戰爭前後的黑白硬照，一如既往。確是，一如許多個跨年夜晚，出售較好品質飲料食品的小賣亭擠滿人，國產啤酒一早售罄，街上不時走過手裡捧著蛋糕的人，古巴人全心投入準備除夕夜的慶祝派對，不論區域、貧富、族裔、信仰、政治取向。跟往年一樣，當哈瓦那堡壘的禮炮在子時響起，標示正式進入二〇一六年時，家家戶戶就往街上潑水，互相擁抱親吻，開啤酒香檳慶賀：año nuevo, vida nueva（新的一年，新的生活）！

什麼都缺，就不缺驚喜的國家

毫無疑問，這一兩年的古巴確實有點不同：物資充裕了一點，價格上漲了很多；私人經濟活動多元了；網際網路擴大了覆蓋範圍……。但是，充斥在空氣中的，卻是那不變的既遠且近、讓人感到有點捉摸不著的驚喜和奇蹟。離開古巴六年，每年回家省親度歲的費伊內不無自嘲的說：「古巴什麼都缺，就不缺驚喜和奇蹟。剛才走了幾家店，都找不到一罐 Bucanero（一種古巴出產的啤酒）。想不到在回家路上碰到一個親戚，他居然送我兩罐冰凍 Cristal（另一種國產啤酒），事實上我更愛 Cristal 呢。」一個人的小驚喜和奇蹟數之不盡。費伊內居然在二〇一五年十二月最後一天，在國營店買到求之若渴的配給雞蛋（每只才〇．一三古巴披索，在國營市場是一．五披索，私營的就要二披索）。

至於眾人的驚喜和奇蹟，問古巴人，很多會說是二〇一四年底，五位在一九九八年因間諜罪被美國拘禁的「五勇士」終於全部安全歸國。這些年來，他們是古巴人對抗美國的愛國象徵，黨報《格拉瑪報》（*Granma*）讚揚他們立場堅定、富犧牲精神和體現國家尊嚴。然後，則是二〇一五年中教宗的訪問。還有，該是哈瓦那市中心的上網熱點，以及愈來愈多的外國遊客……。也許，從某種意義上來說，古巴人的驚喜和新生活，在二〇一四年最後兩個星期前已經開始了。

挺過半世紀經濟、外交困境

二〇一四年十二月十七日，那天是聖拉薩羅日（Saint Lazaro），對篤信古巴傳統宗教桑泰里亞教（Santeria）的人來說，這是重要的一天。頂著中午兩點左右熾熱的太陽，人們陸陸續續進入或離開位於市郊的聖拉薩羅廟，隆而重之地履行著一年一度的宗教習俗。疏導信眾的廣播突然透過晴空，送上「古美兩國關係正常化」這個最新消息。有人沒有聽清楚，半信半疑，有點被捉個措手不及。有人卻已擁著身邊人，大喊「古巴萬歲」。

聖拉薩羅是桑泰里亞教裡一個備受尊崇、象徵奇蹟和希望的聖人，他能除萬難、行神蹟、治百病、圓夢想。每年的十二月十七日，人們準會大肆慶祝。久病不癒的，或撐著拐杖或坐著輪椅或被抬在擔架上，親身求拜。家裡重病不能走動的，親屬或會身繫大石頭一路爬行，為親人誠心祈求。無論大小願望，只要恪守承諾，聖拉薩羅都會讓你如願。如是，十二月十七日就是顯示神蹟，或開始編夢的日子。古巴與美國選擇這天宣布這個歷史決定，是偶然也好，是存心也好，對古巴人來說，都別有一番滋味在心頭。

無論是神蹟或夢想，都需要努力耕耘，正如古巴人與聖拉薩羅之間的默契。五十三年前，美國斷絕跟古巴的外交關係，並實施全面貿易禁運和制裁。一切政治經濟手段的背後，目的就是要孤立、削弱、最後推翻卡斯楚的社會主義革命政權，是兩套不同價值觀的博弈。

超過半個世紀的頑強抵抗，古巴人受盡折磨。禁運，加上蘇東集團的崩倒，古巴不得不自食其力，從頭開始。從一九九〇年代初揭開序幕的特殊（艱難）時期，滿是有關冒死偷渡和饑餓匱乏的真人真事。根據古巴官方二〇一一年的數字，在一九九七到二〇〇九年間，古巴的進出口貿易淨總虧損達一〇九億美元，平均出口貨品購買力下降了百分之十五。十年前走在古巴的街頭，大幅大幅海報提醒古巴人革命的理念：「無私、平等、人道主義！」「愛國抑或滅亡！」「我們活得不錯！」……。努力活著的古巴人捱過來了，捱得很辛苦，但充滿自尊和創意，更耕耘出令人讚歎的生態農業和城市農耕、為非洲和南美洲國家培訓醫療人員、出口人道援助、還有熱情洋溢的特色音樂舞蹈文化等等。歐巴馬在二〇一四年十二月十七日那天不得不承認，超過半世紀的禁運並未達到預期效果，是時候採取新措施了。

古巴贏了這場博弈。幾十年的夢想成真，奇蹟出現了。

革命後一代的夢想

二〇一四年底，問四十來歲在青年中心工作的彼得今年有什麼願望，他爽快而認真地說了三個：「改善家人生活，期望古巴的經濟隨著古美關係正常化得以改善，還有轉換工作。」這些革命後出生的一代，都已經成家，孩子亦屆已婚之齡。彼得的大女兒廿八歲，已經是兩個孩子的母親了。他跟大部分古巴人一樣，每月工資約廿美元（約等於三百五十古巴披索），只夠

（上）上網是哈瓦那人的新常態。（下）承卡斯楚貴言——五個革命英雄回來了！

糊口，必得想方設法增加收入，「我希望以後物質供應至少會多點、便宜點。」他說。

彼得的夢想部分成真。從二〇一五年中開始，他幫忙經營舅舅在哈瓦那新開辦的民宿，並辭掉了青年中心的工作，全心投入。聖誕新年期間客人絡繹不絕，只短短兩、三個月，彼得光是從安排汽車接送客人所賺得的收入，已經相等於他一年工資。他每天大清早趕往民宿張羅早餐、清潔和其他事務，下班後還要處理家事，忙得團團轉，但興致卻是異常高昂。

「外國遊客特別是美國，應該會多起來，通訊和醫藥設備等等都會改善，會更快更便宜。我是滿樂觀的，古巴經濟會有所發展。」彼得的表親約翰也說。約翰前些時生活潦倒，但他一直堅持自學外語，現在能操流利英、德、法語，去年開始在國營旅行社為外國旅客做導遊，雖然是散工，但已經叫他信心滿滿，完全變了另一個人。對於未來，他是滿正面的。

美國政府代表團在二〇一五年進進出出哈瓦那，跟古巴政府鋪搭新關係。當時處於低谷的歐巴馬民望，因為改善古美關係這個舉措得以回升。雙方使館重開，古巴亦從美國的邪惡軸心名單中除名。正如很多人估計，大量美國遊客開始出現在古巴街頭。他們或坐包機從美國直飛，或取道其他國家抵達，預計每年從美國來的遊客會高達一千萬人次。而半個世紀以來，首班美國直航古巴、載着美籍古巴裔人的客機，終於在卡斯楚追悼活動展開那天（二〇一六年十一月二十八日），從邁阿密飛抵哈瓦那。

二〇一六年，古巴街頭的大型海報宣示著：「做好本分，不要左顧右盼！」「忠於我們的歷史！」「堅守我們的價值！」「不敗的革命！」，某種程度道出古巴人民如何在這一波波的改變中自處。對於似乎無可避免的經濟發展，更多古巴人是帶著謹慎和警惕的心情。他們心裡害怕那以利潤和金錢為終極追求的自由市場經濟，害怕那以謀取個人福祉為上的倫理，害怕回到五九年革命前那個美國傀儡政權管治下貧富懸殊、紙醉金迷、腐敗的古巴。

五十多歲在西部一個小鎮擔任中學老師的米格爾憂心忡忡：「我們的青年人有不一樣的想法，他們就是物質主義，要吃好的，要穿漂亮的，要去旅遊。什麼價值、什麼理想，他們都不理解，都不覺得重要。」同樣是老師，卅歲出頭，有個四歲女兒的阿蒂安娜非常嚴肅地說：「為了得到多一點錢，年輕人什麼事都會做。現在在公車上，見到孕婦他們竟可以視而不見，根本沒有想過要讓座呢。我們一定要堅守我們的價值：平等、誠懇、人道主義和愛國。我們要從家庭做起。從小就要好好給孩子講我們的歷史，告訴他們什麼是正確的，什麼是不對的。」

哈瓦那退休經濟老師芭芭拉同樣謹慎又警惕。「轉變會很慢，很慢。對，經濟發展會不一樣。我們什麼都沒有了，還怕什麼？」她說。「但我們也深知我們擁有什麼。」芭芭拉一邊緊握拳頭，一邊用力踏地，似乎在說：古巴這幾十年的努力成果，深深種植在土地中，融入人們的血液中，不能輕易拿走。

挑戰社會主義計劃經濟的緊箍罩

為了改善經濟和民生，古巴政府在二〇一一年開始落實一系列新措施，容許更多私營經濟活動，包括買賣汽車和房屋。衣食住行，從量到質都有所改善。只要口袋有錢，生活肯定比以前好。越來越多人以不同管道到外國工作或生活，賺取外匯幫忙貼補家計。有人去了就留下，有人出出入入。古巴不缺遊客，據說二〇一四年就接待了四百多萬名旅客，全國的旅遊點都多了民宿、餐廳和販售紀念品的攤販。

彼得的鄰居阿力這兩年一直想擴大他的鎖匙生意。只是，政府仍然緊緊控制進出口，阿力根本不可以循合法管道買到鎖和鑰匙的原物料，只能靠朋友幫他少量零散地從外國帶進來。「政府仍然操控物資供應。所謂開放私營經濟，只是把以前非法的合法化了。而結果則是滋長更多非法活動。想一下，這些物資哪裡來，不就是單位或黑市的嗎？如果數量越多，不就表示背後有一個更大的非法供應圈嗎？」費伊內氣憤的說。

古巴人縱有新想法和做法，但依然舉步為艱。箇中不只是美國的禁運制裁，社會主義計劃經濟更是一個人人頭上的緊箍罩。「要多點自由，就會少點平等。要多點平等，就沒有這麼多自由了。」記得約翰曾經說過這麼一句。二〇一六年元旦，費伊內和家人在街上散步，走著走著，居然模仿起電視上一個家喻戶曉嘲諷時弊的節目：往前走一步，然後往後退兩步。最後，大家都笑彎了腰。

自由古巴的滋味

二〇一六年初，哈瓦那的街頭非常熱鬧。冬日的海濱長廊遊人不多，穿梭著兜售小吃紀念品的小販，感覺卻似乎有點擁擠。哈瓦那港海水依然蔚藍，有時風浪挺大，遠看感覺有點不安，想起那些搖著簡陋小艇，冒死跨越九十海哩出走美國的古巴人。自從古美宣布關係正常化後，出走的人居然有增無減，大家都害怕美國會改變對古巴移民的政策。面對大量取道中美洲進入美國的古巴人，二〇一五年底厄瓜多爾撤銷古巴免簽證的政策，哥斯大黎加也宣布停發過境簽證給古巴人。幾年前，古巴政府終於放寬了國民的出入境限制，更多古巴人於是想方設法離開。認識的朋友中，很多都走了，兩位優秀的文藝工作者年前相繼成功進入西班牙，留下，再不願回國。在大學任教的朋友說，越來越多老師跑到外地授課，賺取更好的收入，甚或尋找機會離開。出走的，大部分是中青年人，他們在社會主義古巴出生和成長，但看不到希望。

該是巧合吧，就在這樣一個歷史轉彎的時刻，電影《自由古巴》（*Cuba Libre*）在全國公演。故事通過兩個小孩的眼睛，講述美國介入古巴對抗西班牙獨立戰爭這一段歷史（一八九八年前後），並被提名角逐第卅七屆哈瓦那電影節最佳電影獎。朋友說古巴電影很少處理這段複雜歷史，今天古巴面對的問題，原來很多都可以追溯到這段關鍵時刻。在那光影間，在觀眾的反應和闡釋中，該能閱讀到政府和古巴人如何藉古喻今。

史冊如此記載：西班牙人數百年前來到古巴，輸入非洲奴隸到蔗糖、咖啡和菸草莊園工作。美國是古巴蔗糖的消費大國，一直垂涎這個富饒的小小鄰邦，曾經向西班牙提出要買下古巴，但遭拒絕。飽受西班牙人欺壓的古巴人，受到比鄰美國解放黑奴以及拉丁美洲民族獨立運動的啟示，一八七四年發動了第一輪獨立運動。抗爭為時四年，犧牲了廿多萬古巴人，以失敗告終。廿多年後，被古巴人視為革命先驅的荷西·馬蒂（José Martí）揭竿再起，先成立古巴革命黨，繼而向西班牙宣戰。苦戰二年多，傷亡不計其數，連主將也不幸陣亡。美國此時乘機介入，西班牙終於無條件投降。一八九八年十二月十二日，美西簽署巴黎條約，終結長達三年的獨立戰爭。為了撫平古巴內部不滿，美國讓古巴獨立，但開出了異常苛刻的條件，除取得關塔那摩（Guantánamo）軍事基地外，更可以隨時對古巴進行軍事干預。

電影中西班牙人驕蠻跋扈，朱門酒肉，民不聊生。而同樣是侵略者的美國，卻文明善良，有勇有謀。古巴宣告獨立那一刻，大家高舉以美國可口可樂和古巴蘭姆酒混和的雞尾酒，歡呼「Cuba Libre」（自由古巴）。眼利的古巴人說某些重要歷史片斷，例如巴黎條約，例如美國戰艦的陰謀等等，都沒有觸及。而「自由古巴」這種極受歡迎又饒富政治意涵的雞尾酒，是否就

（上）在品雅利奧（Pinar del Río）街上指向過去、未來、和現在的路標，叫人會心微笑。
（下）這是今天的古巴，不是歷史照片。

源自這麼一混，也眾說紛紜。也許，影片要說的不是當年的史實，而是表述當下的政治風向和情緒。古巴朋友看得不是味兒，不以為然地說：「哈哈，美國是好人，因為歐巴馬恢復美古外交關係；西班牙是壞人，因為古巴人都要跑到西班牙去生活。」對他來說，古巴也肯定沒有因為那麼一混，就獨立自由。

匱乏年代的奇蹟

今天，「自由古巴」雞尾酒大都是用古巴可樂 TuKcola 混蘭姆酒而成的。革命後，卡斯楚把原來的可樂廠收歸國有，繼續生產可樂，據說用的還是美國可樂的祕密配方，只是改用了古巴國產蔗糖。TuKola 的宣傳口號是「為口渴來一次革命」，而 TuKola 加蘭姆酒也為自由古巴，默默來了一場革命。

對很多古巴人來說，真正的獨立自由該是從一九五九年趕走美國傀儡政權，社會主義革命成功開始。原出身富裕家庭的卡斯楚來自東部，他領導的革命得到社會最底層的農村支持，新政府成立後，他的第一個任務就是重建農村經濟和進行財富再分配：土地改革，建立國營糖廠和集體企業，在各村鎮和城市修建學校、醫療和文化康樂設施，以及重新分配房產和土地資源，提供全民免費教育和醫療，保障國民基本生活需要。

然而，古巴獨立運動正式畫上句號，該是在一九六〇年代跟美國進一步擦槍走火，以斷交和禁運全面拉倒，以及一九九〇年代初蘇東集團瓦解，卡斯楚政府完全孤立無援，宣布國家進入「和平時代的特殊時期」這個歷史時刻。時也命也，古巴稱譽世界的有機農業和城市農耕，就是在這個時候萌芽。古巴曾經是中南美洲先進的工業國，九〇年代前的農業非常依賴石油，經濟上差不多完全依賴出口糖、咖啡和雪茄所獲得的外匯，才可以購買國民所需的糧食。沒有了社會主義老大哥的支援，特殊時期無石油無外匯無糧食。卡斯楚政府唯有回歸本源自救：以牛馬代替機車，以自然天敵、蚯蚓、堆肥等代替農藥化肥，從水泥地浴缸輪胎裡長出蔬菜水果。特殊時期的生活真的特別艱難，苦日子中幸有慰藉心靈的音樂、舞蹈和信仰。一直深信，古巴人的熱情開朗和堅毅，除了得到富饒自然環境的潤澤外，不得不歸功於免費優質的基本教育和醫療服務，並特別感謝來自非洲大陸的祖輩所共同孕育護養的精神家園。

一個沒有革命英雄和卡斯楚的新世代

人們說，時間好像在這頑強抵抗敵對鄰邦的小島上停住了：大部分建築物慢慢衰萎剝落，前蘇聯、東德和五〇、六〇年代的美國汽車在街上繼續堅守崗位，革命英雄們的身影和豪言壯語仍在身邊，長壽電視節目是卡斯楚的長篇講話……。古巴朋友戲稱，社會主義計劃經濟讓古巴成為一個均貧的社會。除了出口和觀光旅遊業，國家最大的外匯來源，該是海外（特別是美國）古巴人給家人朋友寄回來的匯款。大批古巴人在一九五九年，因害怕或是對新政府沒有信心，選擇離開。自此，出走（大部分採取非法途徑）似乎是古巴人的常態。特殊時期，情況更甚。

無論對卡斯楚政府有多麼不滿，生活有多困乏，在他以及弟弟勞爾的領導下，古巴挺住了，還活出一些傲人的成績，例如人均醫生比例、教育水平、城市農耕和有機農業等等。勞爾十年前因哥哥的健康問題開始接過權杖，比哥哥實際的勞爾開始鬆開政府各方面的控制，特別是經濟活動。除了一般民生，現在連住房都可以買賣了。

二〇一六年，古巴人正忙於追趕因美國幾十年恩怨情仇而失去的時間和空間，努力理解身邊發生的事物。古巴人要迫切準備的，不單是如何迎接洶湧而至的遊客（特別是美國人），還有來自世界各國虎視眈眈的生意眼。朋友憂心忡忡地說，古巴眼下正面對兩個危機：一是缺錢，百廢待興；二是快錢，無論是政府和普通人，也許都沒有能力應付大批急速流入的錢，處理不善，將會造成不可逆轉的破壞，是硬體的也是軟體的。卡斯楚已經長眠在革命源頭聖地牙哥，弟弟勞爾亦早已年過八十，揚言會在二〇一八年退下政治舞臺。很快，古巴領導層就會進入一個沒有革命前輩和卡斯楚的新世代，一個也許有點陌生但也熟悉的古巴。

〔出發〕

帶10個問題去古巴

1 關於。食

你覺得食物價格貴嗎？
那你同意取消政府的配給制嗎？為什麼？
古巴有吃不飽的人嗎？
你每天都吃肉嗎？為什麼？為什麼不？

古巴主要糧食是米飯、黑豆、芋頭、地瓜、木薯、馬鈴薯、花椰菜、蒜、洋蔥、豬肉和雞、香蕉、酪梨、檸檬、咖啡和甜品等。政府二〇一一年開放私營部門進行經濟活動，希望改善國內供應結構，但仍然保持國營銷售點的低廉價格。為了保障基本生活所需，古巴政府給所有古巴人每月以極低價配售基本食用品，例如米、咖啡、凍雞腿等。其他物品在國營或其他市場，人們可以以較高價格購買。

自由市場上供應的各式豆類是古巴民生主食。

2 關於。住

> 你的房子是政府提供的嗎？
> 住了多久？多少人同住？他們是什麼關係？
> 古巴人可以買賣房屋嗎？
> 他們有能力購買房產嗎？

古巴的大城市基本上沒有什麼改變。政府擁有及操控土地和房屋的使用和分配，一直堅守這些原則：住房是古巴人的權利，不是商品，住房要公正，政府是主要的決策者，禁止人民買賣房屋。而因資源短缺，新房數量像老牛般追趕著急速增長的城市人口。住房越來越擠、屋況越來越差；人們為了改善、解決居住問題，街頭常見「換屋」的市招。二〇一一年政府開放房屋買賣，但箇中仍然關卡重重。房價雖由政府估值，但「上有政策，下有對策」，買賣雙方私下以高出政府估價數倍的協商價格成交。

城中的多層民房。

3 關於。交通

古巴的公共交通方便嗎？有什麼選擇？私營計程車呢？古巴人可以負擔嗎？公營計程車呢？

古巴公共交通奇缺。街上看到的主要是一九五〇年代的美國轎車，俗稱大水牛，與國營大巴並肩擔負主要的運輸任務。短距離來往，人們會騎上單車。否則，就是用腳了。內部移動不易、交通工具不足，大約十年前中國宇通車隊的出現，稍稍舒緩了人們交通移動的緊絀。這幾年，路上多了簇新的小轎車，部分路段居然出現了紅綠燈，還有輕微的交通堵塞。

交通各出其謀。美國五、六〇年代的汽車、三輪車、馬車，肩並肩一起行進。

4 關於。出國

你擁有護照嗎？為什麼沒有？為什麼有？
需要你外地親人幫助取得護照和簽證嗎？
你希望到外地旅遊嗎？為什麼？去哪裡？
你覺得會有更多／少古巴人會非法偷渡到美國去嗎？

一般來說，古巴人不難申請護照，問題是獲得外國簽證的機會很低。大部分西方國家對古巴人諸多設限，一般需要人事或財務擔保。況且，購買機票需要用外幣，除了有外地的親朋幫忙，以古巴人的普遍收入，根本不可能有足夠外幣出國。不少人是憑著短期工作合約，或參加學習班、交流會、培訓等有機會出國。她／他們大多是專業人士，如老師學者、音樂家、舞者、運動員、農業專家、醫生等等。有人就趁機想方設法留下。二〇一四年古巴美國關係正常化後，非法偷渡到美國去的古巴人不減反升。

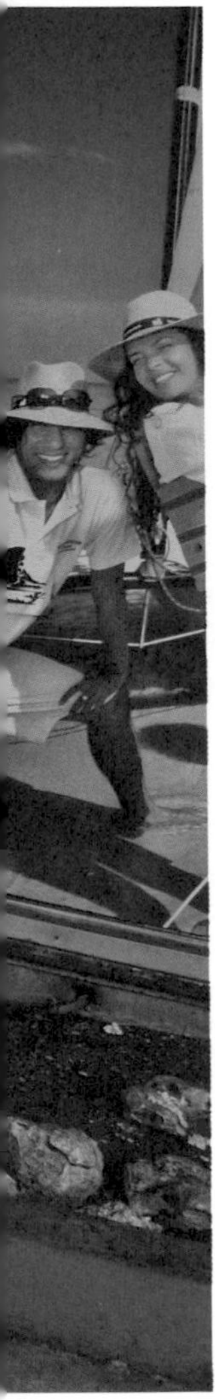

一般古巴人想獲得外國簽證出國不易。

5 關於。就業

容易找到工作嗎？還是政府分派工作的呢？
你是政府人員？還是自由工作者或自僱人士？以前呢？
請比較一下兩者的工資。相差多少？
自僱人士有退休金和社會保障嗎？
如果你有機會自己創業，你會做什麼行業？
你收入中，有外匯披索嗎？佔多少？

古巴政府在二〇一一年開放多個經濟和生活領域，列出二百零一種容許私人經營的活動，古巴人現在找工作肯定比過去都容易。根據二〇一七Trading Economics的數字，古巴失業率在二〇〇〇年曾經高達百分之五點四，而在二〇〇〇到二〇一五年間，數字則一直保持在平均百分之二點七（幾乎可以算是零失業）的水準。一位經濟學家朋友說，在四百多萬總勞動人口中，公營部門占了九成，自僱人士或者私營機構工作的大概有四十多萬人，當中六成在首都哈瓦那。國營部門冗員不少，工資太低，員工缺乏工作動力，除了那份雞肋般的正職以外，他／她們都是自僱人士或自由工作者，都想方設法希望多賺點錢，以維持基本生計。

市場中的鑰匙匠。

6 關於。貨幣

擁有外匯披索困難嗎？
你喜歡持有美元？還是歐元？還是日元？為什麼？
你覺得貨幣雙軌是一個好的做法嗎？為什麼？

古巴實行貨幣雙軌制：外匯披索（CUC）和古巴披索（CUP）。為了報復美國禁運，古巴政府對美元徵收類似懲罰性的稅款，每美元要扣稅約百分之二。即一美元只能拿到〇・八外匯披索，其他外幣則完全看當時的匯價。政府對外幣的管制嚴格，兌換外匯披索，或者是把外匯披索兌為古巴披索，都得在銀行和官方兌換點辦理。無論何時何地，這些兌換點經常排著長長的人龍。古巴人都希望擁有外匯披索，因為那些被認為是「奢侈品」，例如進口消費品的衣物和罐頭，和出口消費品例如優質啤酒、咖啡等，都得以外匯披索或在所謂美元店（dollar shop）購買。近幾年，政府放寬了規定，人們可以用古巴披索購買這些「奢侈品」了。只是，換算下來，這些貨品對古巴人來說真是名副其實的奢侈品了。（一外匯披索＝廿四古巴披索）

古巴披索（下）和外匯披索（上）。

7 關於。言論和資訊自由

你覺得今天比過去有更大的言論自由嗎？在電視和報章上，可以找到批評政府的言論嗎？你可以自由出版雜誌書本嗎？為什麼？上網困難嗎？究竟是技術問題？還是政治問題？

二〇一五年九月，外電報導古巴政府拘捕了約五十名參與一場抗議活動的異議人士。言論自由這個議題，一直為人詬病。電視電臺報刊雜誌等大眾傳媒，都是政府和黨的喉舌，資源缺乏，無論是紙張、油墨、通訊網路等等，都在政府的掌控中，即使是小量小規模的地下傳播，也是困難重重。報刊雜誌的銷售點不多，很多時候就要看運氣，能否碰到那些自僱報販子。近年談論較多的是上網難這個議題。美古關係解凍後，人們最希望見到的轉變之一，就是更普遍更便宜的通訊服務。事實上，很多網路通訊商，也對這個網路荒原虎視眈眈。

古巴每天在街上可以買到的新聞報刊。

8 關於。宗教

古巴人有信仰自由嗎？
非洲傳統宗教可以在古巴活動嗎？
佛教或儒道信仰可以在古巴推廣嗎？
多少古巴人有宗教信仰？
古巴人的宗教生活重要嗎？
你可以在書店買到聖經嗎？

西班牙人把天主教帶到古巴，並禁止其他教派活動。然而，隨著西非黑奴的進入，非洲約魯巴（Yoruba）民族信仰的約魯巴宗教，在小島孕育了名為桑泰里亞（Santeria）的信仰，成為民間的主流。黑奴將自己的神祇與天主教聖人混合崇拜，得以保存自己的信仰。另外發源於非洲中部的宗教聖木杖道術（Palo Monte），亦由黑奴帶進古巴，以維繫家庭組織為中心的傳統，尤其被信徒接受，也正由於它限於家庭組織內，被視為相當神祕，不為人所理解。在卡斯楚之下的古巴，官方長期宣布古巴遵守無神論。一九九一年，古巴共產黨撤除宗教禁令；次年，憲法更改，宣布政府為非宗教性機關，但是不再反對宗教信仰。

古巴人家裡的小神壇，供奉他們的神祇。

9 關於。種族

古巴有多少不同種族？人口最多的是那些？
關係融洽嗎？
存在種族歧視嗎？情況如何？
歧視在那些領域最普遍？

西班牙人看中古巴的天然資源，在一五一二年登陸古巴。但他們肆意殺戮不滿和拒絕服從的印第安原住民，剩下的則成為奴隸。很快，西班牙人又帶來天花，因病因勞累，原住民人數越來越少，據説最後只剩下五千人。為了維持生產，西班牙人於一五一三年開始從非洲輸入黑奴，一批接一批。廢除這種既殘暴又非人道罪行的法律，在一八八〇年才出現。有統計說，從一五三二到一九〇七年輸入的非洲黑奴接近六十二萬。為了取代非洲黑奴，西班牙人從老遠的亞洲引進中國苦力。歷史記載，在一八四七到一八八三年間，古巴大約有十五萬華人苦力。

古巴種族相當多元，一代代移民在此生根。（CC-by Bryan Ledgard）

10 關於。古美關係

美國解除禁運後，古巴將會更好嗎？
古美關係正常化以後，古巴經濟會馬上起飛嗎？
在美國生活比在古巴好嗎？
你對歐巴馬／新美國總統特川普有什麼觀感？
你對關塔那摩美軍基地有什麼看法？

美國從一九六二年二月開始對古巴實行禁運，並修訂古巴民主法案（Cuban Democracy Act），用意是以自己的標準讓古巴民主化。一九九二年，當時的總統老布希為了利用特殊時期的危機，對古巴進一步施壓，頒布另一項新法案「托里切利法案」（Torricelli Bill），美其名為促進古巴民主過渡，禁止全球的美國公司在第三國與古巴作生意。這項法案包括食物、藥品和醫療設備，後來豁免人道救援的物資，古巴頓時喪失百分之九十的商業合約。二〇一四年十二月十七日，古美宣布關係正常化。

古美關係正常化，美國國旗再次在自由哈瓦那酒店升起。

這個國家不但每天生活在矛盾之中，
還把矛盾融入了藝術、音樂、舞蹈和政策裡。
每個去過古巴的人在離開時都會談論，
古巴人如何憑藉他們的聰明、決心和想像力，
讓這座島屹立不倒——
儘管這裡的建築物正在崩塌！

——作家皮柯·耶爾（Pico Iyer），摘自ＢＢＣ英倫網

第一部

非常古巴

在古巴，轉變發生於微細處，在不顯眼的地方，在小撮分散的人羣中，在相對漫長的時間區段裡。要用心細看。

一直在想，進入新一頁的古巴，會是怎樣一個模樣？總愛纏著身邊的朋友追問，而他們的答案，經常讓我更深體會到自己對古巴歷史文化哲學的認識還太膚淺，不能全面洞悉，即便自己有熟稔的古巴朋友得以了解他們的現況和心情。箇中因素太多太複雜了，古巴人一直忙於回應內外種種實際與想像的危機和機遇，以及隨之而來的千百種限制和可能性。二〇〇六年，當勞爾接過哥哥的總統權杖時，人們也不斷估算叩問古巴會出現什麼變化。

這幾年，哈瓦那的私營小店多了，裝潢漂亮了，貨物供應豐富了，國營商店也靈活了，車輛增加了，海濱長廊修好了，就連革命政府保障國民基本生活供應的小冊子，以至雙軌貨幣制，據說也都快要取消了。種種變化中，飲食的改變特別明顯，無論在首都或其他大小城市，都有驚喜。古巴人一如既往，在縫隙中創造了更多可能性。廣受旅客歡迎的民宿如雨後春筍，西部小城維尼亞萊斯（Viñales）的主要大街上，粗略估算七成以上住宅都已經先後成為民宿，還未算上趕著要在眾人期待的旅遊大潮中分一杯羹的新手。即使在一個沒有自來水電供應、沒有公共交通連接的邊防小村落，新民宿也在加班裝修中。當年以為可以乘火車往東部城市旅行，無奈一票難求，最後還是要坐上昂貴的出租車；今天，便宜的國營交通仍然奇缺，但出租車的選擇多了，在首都還有一家廉價空調小型公共巴士服務。種種變化叫人眼前一亮。

古巴朋友說，很多轉變是在二〇一一年前後發生，政府要改變整個供應結構，容許私營部門提供更多家庭、技術和食物等方面的服務，並鼓勵和支持地方經濟發展，改善國民消費，促進整體古巴人的均衡營養。至於那讓很多人不辭遠道而來學習交流的生態農業，也引入新政策幫助國民（特別是年輕人）進鄉，鼓勵在地生產，落實省市糧食自足。在菸葉主要產地品雅利奧（Pinar del Rio）蔥鬱的田陌間，我們確實碰到過一些健碩的陽光年輕農民。

古美關係正常化的影響的確引人擔憂，因為一旦大門打開，革命政府堅持幾十年的社會主義理念和精神，是否會被以利潤為終極追求的市場資本淹沒。就像當年擔心勞爾為了解決無情的經濟封鎖帶來的困苦，是不是會趕快抄襲類似中國那種新自由主義下更具掠奪性的所謂「社會主義特色經濟」手法。這陣子，古巴朋友也經常抱怨生活越來越艱難，物價不斷飆升，政府政策追不上時代轉變，等等，等等。畢竟，古巴不缺的，是不輕言放棄的人，以及沒有疆界的想像。帶著滿身現代西方市場經濟文化烙印的我，又如何能看透這一切（已經或將會出現的轉變）背後的真相——或許，透過在古巴近距離而細微的生活觀察，是描述這一變化最誠實，也最真實的方法。

之一

以革命之名

距離古巴解放戰爭都已經五十多年了，古巴街頭還到處是「革命」：當年領導解放戰爭的人物畫像、大型政治宣傳畫等等。冷戰後的禁運，美國這個不友善的鄰居，讓革命古巴有一個特別清晰巨大的抗爭目標，讓國內種種困乏和缺失都有一個罪魁禍首，讓革命有一個繼續進行和存在的理由。歷史的偶然與必然，就在二〇一四年底古巴與美國領導人握手後，一度蹲在世界邊緣的革命古巴，一下子被扔進哄哄亂亂的大熱鍋裡。

經歷過革命的一代，大部分已經進入晚年，慢慢淡出歷史前台。古巴朋友說，因為經歷過革命前的黑暗日子，所以這一輩古巴人覺得新政府儘管有十萬個不是，仍然有它不可替代的地位。不少報導都指出，很多生活在農村，以及在革命前屬於貧苦階級的古巴人，依然視卡斯楚為偶像，因為沒有革命，他們的子女就沒有受教育的機會，沒有改變命運的可能性。

革命後出生的一代，卻只有存活在均貧社會主義的實際經驗，種種匱乏困頓，再加上從不同渠道接收到的外面「美麗新世界」的資訊，一批又一批選擇了離鄉背井這條毫不容易的人生路。不少古巴人說，人道、無私、平等這些革命理念和價值，在年輕人身上已經很難尋獲。無疑，二〇一七年的古巴街頭，確實有越來越多資本主義消費市場的蹤影。或許，在那些熱情開朗的身影裡面，還是涓涓流淌著祖輩們在這片土地上編寫的文化基因，某一天某一刻在某一個地方，也許就會浮現出來，可以再親近古巴革命那獨特的體溫。

國旗：理想，勇氣，自由！

史書記載，一八五〇年代，委內瑞拉冒險家和軍人納西索・洛佩斯（Narciso López）為解放古巴作戰，他的軍隊當時高舉著洛佩斯設計的一面旗幟，那就是今天的古巴國旗。傳說洛佩斯當時做了一個夢：夢見一個三角形紅色雲團，意味晨曦，當中閃著一顆晨星，此時，兩團白雲離開紅三角，分成三條藍色耀目的天堂。古巴國旗就如此這般出現了。那三條藍帶代表當時古巴三個組成架構——白色代表純潔的理想和光輝，紅色代表血液和勇氣，紅三角源自法國革命的自由、平等和博愛，而那顆星星，就是本來要加入美國版圖的新洲：古巴。後者當然永遠不會成真。

古巴人愛自己的國旗，穿在身上，揹在背上，用在藝術創作上……就是感覺良好。

卡斯楚：老大總司令

費德爾・卡斯楚（Fidel Alejandro Castro Ruz），二〇一六年十一月二十五日以九十高齡辭世。父親姓卡斯楚（Castro），母親姓盧希（Ruz），古巴人暱稱他為Jefe（老大、領導、頭頭……），或者喜歡用手勢描畫他那招牌大鬍子來暗喻。「老大」記憶力超人，當年電視上長篇偉論，滔

UN MUNDO MEJOR ES POSIBLE

DE LA MARCHA UNIDA
EN CUADRO APRETADO
COMO LA PLATA EN LAS RAICES DE LOS
ES
MANIDAD

（上）「一個更美好的世界是可能的」，革命口號配上革命先烈們。

（下）古巴國父荷西．馬蒂名言：「祖國就是全人類」。這是古巴國際主義和人道精神所繫（CC-by Emmanuel Huybrechts

滔不絕，既有氣勢，亦有觀點。每當小島受特大颱風吹襲，朋友說「老大」就是總司令，指揮各部門緊急回應並部署對應措施。他對環保和永續議題更是在意，經常對國民發出非常嚴厲的環保指示。卡斯楚是古巴革命政府第一任總理（直到一九七六年），後出任國家主席直到二〇〇八年，才因健康問題退位。

格瓦拉：永遠的革命家

格瓦拉（Ernesto "Che" Guevara），人們愛暱稱他為Che（切），意思是「老弟」。原籍阿根廷，本來是一名醫學生，一生貢獻給古巴革命建設和推動在全世界實現社會主義。他參與古巴解放戰爭，在古巴革命政府中曾擔任財政部長、工業部長、古巴國家銀行行長等職位，被認為是六〇年代國際級的革命政治家。他對物質生活興趣不大，推崇無私的志願服務，人人互相幫助。格瓦拉曾經呼籲組織投入閒置的人參加勞動大隊，為革命服務。他特別關注農業，認為一個國家的福祉，不能離開農業的健康發展。

俊朗瀟灑、浪漫純粹的革命家形象，為格瓦拉贏得無分男女老幼、性別、國族、信仰的人心。對在全世界實現社會主義的理想，格瓦拉一直耿耿於懷。一九六七年，他在協助玻利維亞的游

哈瓦那革命廣場建築物上的格瓦拉幾十年來俯視眾生。

擊戰事中被捕犧牲，終年卅八歲。他最為人樂道的，是他給卡斯楚寫郵件時常用的下款結語：Hasta la victoria siempre!（直至永遠勝利！）

卡米洛：游擊戰英雄

卡米洛（Camilo Cienfuegos Gorriarán）短暫一生，於一九五九年在空難中過世，時年廿七歲。儘管如此，卡米洛廣受古巴人尊敬。出生於古巴西班牙裔無政府主義者家庭，卡米洛年紀輕輕就參與革命游擊戰爭，推翻巴蒂斯塔的傀儡政權。革命戰爭中著名的格蘭瑪號（Granma）一九五六年從墨西哥出發，十二月二日登陸古巴，開展那歷史性的游擊戰。卡米洛與卡斯楚、格瓦拉，當年都在這條船上破浪回歸，並一度出任革命軍指揮官。俊朗的卡米洛沒有消失在古巴人的生活中，在街頭的大型宣傳畫中，他仍然佔一席之地。

〔社會主義宣傳畫〕

Haz bien, y no mires a quien!

做好自己本分，不要左顧右盼！

這是在首都哈瓦那一條通衢大道旁的大型宣傳畫，位置剛好在一個十字路口上，路過的行人和汽車準不會錯過。

El pueblo unido jamás será vencido

團結，人民力量永遠不會被擊倒

哈瓦那星期日市集一家公營銷售點的裝飾，粗樸的紙張，簡單直接，色彩繽紛，寫上了這麼一句拉丁美洲人耳熟能詳的激勵語。

Esta es América, la tierra de los rebeldes y de los creadores

這是美洲，創造者和抗爭者的大地

哈瓦那市中心，酒店、戲院和文化娛樂生活最集中的地區，有這麼一幅不大搶眼，但自信滿滿的宣傳畫。

Viva Cuba Libre

自由古巴萬歲

二〇一五年底，同一個地方換了另一幅宣傳畫，三個革命家的頭像，三種年輕人不同的活動。三個斗大的字，懾住路人的目光。

"Este es tiempo virtuoso y hay que fundirse en él..." Jose Marti

那是富道德良知的年代，是我們國家的精神基石

—— 荷西．馬蒂

也是在哈瓦那的中心區，就在古巴人最愛的冰淇淋店 Coppelia 所在的公園前，豎立了這幅引用古巴國父荷西．馬蒂一句名言的宣傳畫。

Saludamos el triunfo de la Revolución

向革命勝利敬禮

是指定動作也好，是自發行為也好，這輛在星期天遠道運載農產品到哈瓦那中心市集銷售的大卡車，也來湊熱鬧，弄個宣傳畫。

"Unidos por un socialismo próspero y sustentable"
Central de Trabajadores de Cuba XX Congreso

「為繁榮富足的社會主義團結起來」

古巴工人中心第廿屆大會

在不同城市，不同社區，經常都會在牆上看到這些簡單的語句。

Los hombres mueren, el Partido es inmortal

人會灰飛煙滅
黨則永垂不朽

在哈瓦那東邊，被稱為「睡城」的阿拉瑪（Alamar）旁邊的公路上，有這麼一張簡單直接的宣傳畫。

1st enero: Por primera vez, verdadermente libres
La Revolución pujante y victoriosa sigue adelante

一月一號：第一次真真正正獲得自由
英勇勝利的革命，繼續前進

聖迭亞戈小城中一幅壁畫，吸引我們走過去留影。

「99%」

這是哈瓦那大學校園附近一棟建築物的外牆，我們都為它的造型和大小震懾。這幅壁畫沒有命名，畫中的「99%」卻特別搶眼並重覆出現。我想起在二〇一一年一出現就直捲全球的「佔領華爾街運動」，運動提出大型財金集團、跨國企業等擁有並控制了全球百分之九十九的財富和資源，直指這是世界各種社會問題的根源。壁畫中龐大的黑白人像，身上寫滿各大企業的名字，如 Monsanto、Dell、Nokia、IBM、Motorola、BMW。他手上給大大啃了一口的，我猜就是我們生活中那美麗的地球吧！

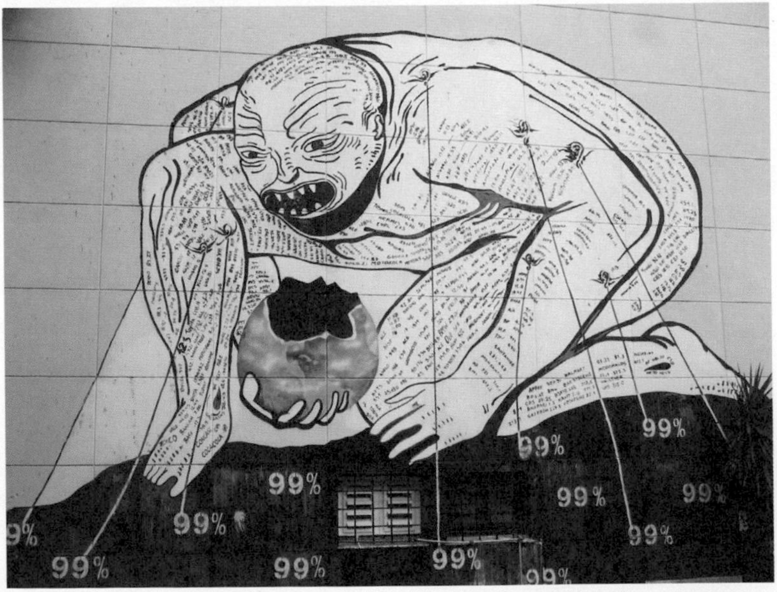

建材後的格瓦拉

古巴到處都有格瓦拉的畫像，背景不同，瀟灑英挺的外貌卻不會改變。那天，在哈瓦那優美的使館區一棟正在裝修的樓房前，發現這個格瓦拉，差點給高高堆疊起的水泥包擋住了，而那古巴國旗耀目的紅色，猜想已因年月褪掉了，作畫人該不是特意要在這個地方留白吧。

普普格瓦拉

美國普普藝術家安迪·沃荷（Andy Warhol） 那些平面絹印版畫圖像創作系列，如金寶罐頭湯、瑪麗蓮夢露等等，反諷資本主義那種大量倒模式的生產方式，風靡國際。浪漫社會主義革命家格瓦拉，也逃不出資本主義的洗禮，街頭藝術家要格瓦拉嘗嘗消費市場的魔力。

社區藍調

從哈瓦那大學往海邊走，總喜歡選擇這條小路，因為沿途有書店，有小咖啡店，有賣蛋糕和精美小吃的，還有一個似乎已被遺忘的露天小院子。書店咖啡店還在，小吃店二〇一五年已經消失了，小院子別來無恙，仍然是路人歇息和尋找片刻寧靜的小宇宙。緊靠背後那些建築物的牆，照樣是無疆界的自由畫板，這陣子街頭藝術家給大家來個藍調，低迴淺唱，訴說著那糾纏揪心的情懷。

仰望

抬頭赫然看到同樣仰望著的人，在那半邊星星的金屬片上。其實，老遠就可以看到這一排高高的金屬杆，它們就是為這些藝術創作而設的，豎立在哈瓦那首都廣場往舊城區一條小街上。創作不時更換。經過時，請不忘抬頭仰望。

古巴。非洲

Hamel，哈瓦那城中非裔古巴人聚居的社區。這裡，每一個角落都充滿樂韻和色彩：舞蹈、音樂、壁畫、裝置……創作材料隨手拈來，路邊浴缸裡看得到小王子的詩話，隨處自成露天展覽廳。不論非洲、西班牙、中國、美國、歐洲，來自生活，也呈現在生活中，可以看到、聞到、聽到、摸到、感受到他／她們的傳統、現狀以及夢想。

眾聲喧嘩

社區儘管不同，牆壁永遠是最忠誠的畫布，是眾人傾吐的空間。

中國城

哈瓦那華埠周邊的這堵外牆，自然也是社區的藝術舞台。中國元素當然不會缺席。

落荒而逃

回到從前，從那一天開始，哈瓦那一九五九年一月一日。當天，《自由報》（*Prensa Libre*）頭條是：HUYE BATISTA（巴蒂斯塔 落荒而逃）。這天，由卡斯楚等領導的革命軍，終於完全推翻美國支持的傀儡政權巴蒂斯塔，解放古巴，成立革命政府。五十多年後，這幅宣傳畫依然屹立。

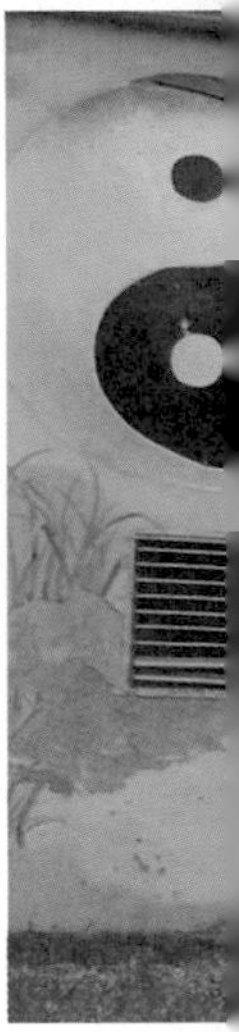

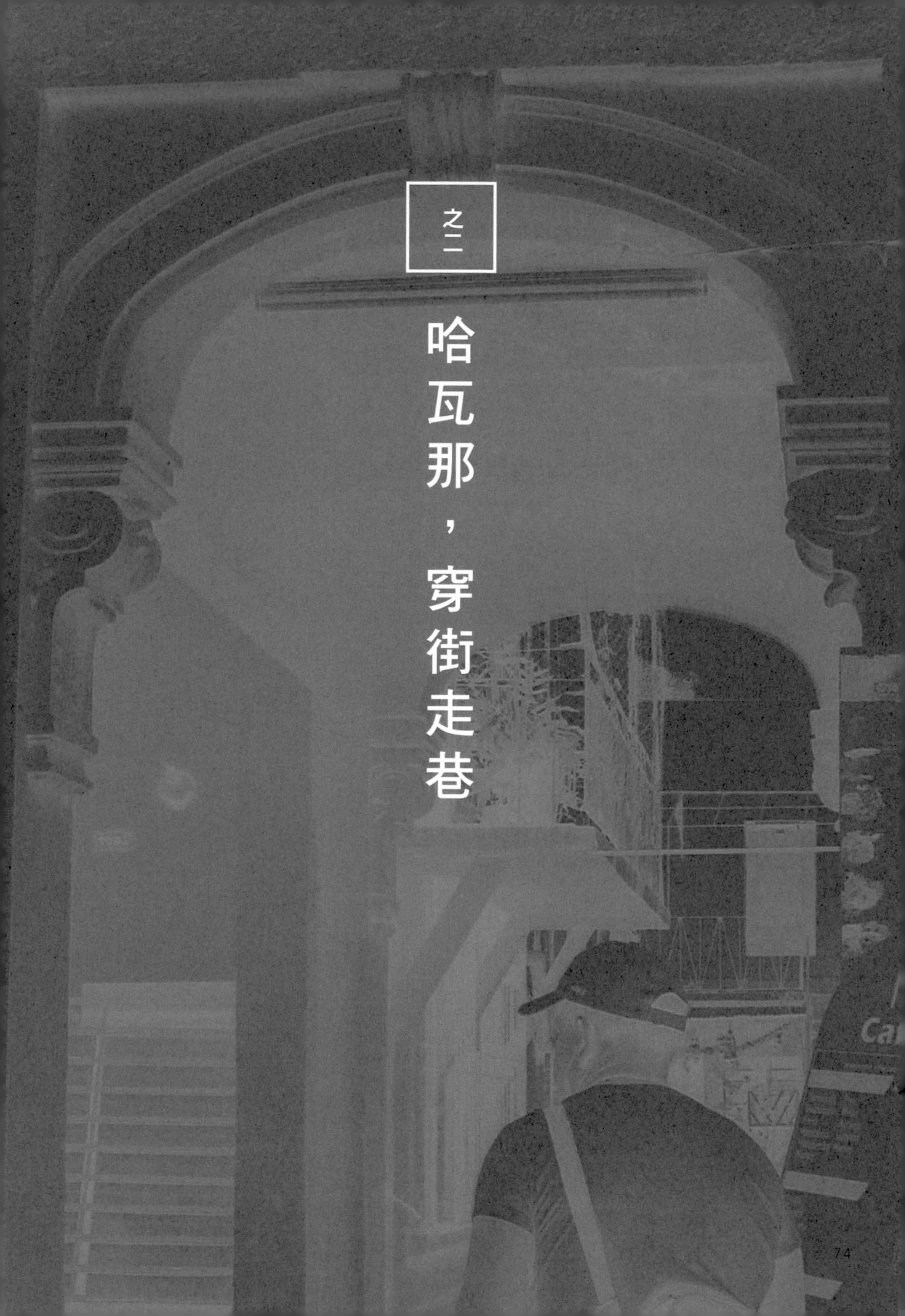

之二

哈瓦那，穿街走巷

因為公共交通缺乏，徒步穿街走巷是不少遊客的選擇，打開了一扇更流動、更生活的窗口。沿著舊城區最長的聖拉薩羅街（Calle San Lazaro）街走，兩旁大都是破舊的民居：高高的樓層、小小向街的陽台、手工精巧的木製窗框和百葉簾，西班牙式建築物在日月洗刷中煥發著人與歷史的味道。街上除了失修的樓房，還不時看到飲用水車。舊城區太舊了，不少水管都報廢，飲用水污水在腳下任意流淌。

十年前，在聖拉薩羅街尋找《樂士浮生錄》（*Buena Vista Social Club*）場景，人們說那本來是一個左鄰右舍玩音樂的聚點，沒什麼特別，古巴人隨時隨地都可歡唱起舞。就因為德國導演文・溫德斯（Wim Wenders）這部紀錄片，毫不起眼的一所小房子成為旅遊熱點。靠近首都廣場遊客中心一帶，被聯合國教科文組織列為文化遺產，歷史價值較高的建築物陸續翻新，重現光彩，附近冒出精緻的咖啡館、餐廳，甚至畫廊、民宿。每一個轉角，就有一個故事。

古巴城市化程度頗高，七成多人居住在大小城市中，總人口的百分之十八，即二百萬多人，就住在首都哈瓦那。古巴革命政府繼承了一個千瘡百孔、貧富懸殊的社會，挨過幾十年鄰國政治打壓和經濟匱乏，也許因為有清晰的理想信念而能咬著牙根撐下來。每一個城市，每一棟大樓，也就是其居民的理想之所在。

城東：工人新區

小區的正式稱謂該是聖米格爾（San Miguel del Padrón），但因為那幾棟政府當年為附近上班工人建成的四層高大樓，又有工人區（Obrero）這個叫法，並成為古巴人都熟悉的另一個名稱。小區位於哈瓦那市東約七公里，大部分居民每天上班都得往外跑。除了長年失修的四層高大樓外，小區混集了精緻的平房以及一些相對破舊的房子，隨著人口的變化而默默變臉。

汽車從主要幹道轉入聖米格爾，稍稍爬坡後就是一個大迴環。然後，繞一圈左轉入另一段主要通道，就會走到另一個大迴環。兩個迴環中間都種了一棵碩大的木棉樹，上下左右守護著這個小區。不少日子，樹下供有豬肉、雞隻、水果，還有其他供奉不同神祇的食品或物品。當然，不旋踵這些東西總會自動消失。也許是供奉的人回來收拾乾淨了，也許是盡忠職守的清潔工人一一處理了，也許是有惜物人，把可用可吃的都撿走了，也許是神祇們已經好好享用或分享了這些貢品……

古巴的木棉樹就像非洲的猴麵包樹（Baobab），樹幹異常高大，似乎能夠接連天地，既提供人們的物質需要，也是社區宗教文化的依託、居民的精神家園。古巴人相信木棉樹的根直達地底世界，婆娑樹葉則是眾神棲息之所，祂們在那裡俯視庇佑眾生。當年，西班牙人把天主教

（上）工人新區，房子日久失修。（下）迴環中的木棉樹，是工人區的守護神。

帶入古巴，非洲人帶來西非傳統宗教，後者一度被禁，民間發揮無窮智慧將兩者揉合；非洲宗教聖人，甚至後來移居至此的中國人的滿天神佛，也都有相對應的天主教神祇。如是，聖人們在古巴守護這個加勒比海小島一代代居民，無論是那一個種族的後裔。聖米格爾這兩棵木棉樹不太高，忠誠地扮演著非洲猴麵包樹，以及南中國鄉村榕樹和樟樹的神聖角色。

物換星移，聖米格爾這些年也跟著社會變化而有點不一樣。大街上原來的一排商店，斯人憔悴——國營店的貨架仍舊十有八空，理髮店早已關門，咖啡店再沒有咖啡出售，取而代之的，是這些寂寞的店門前每天準時開業的地攤、流動小車販子。木瓜、橙、檸檬、番石榴、番石榴酥餅、大蒜蓉、優格等等，每天都能吸引附近居民來尋寶。散落在不同街道上，是前鋪後居的小咖啡店、漢堡店、披薩店，以及不同農業合作社的售賣點。當然，還有不少一直存在的家居作業，例如鎖匙服務、水電、理髮、家具維修等等。

根據永續栽培（permaculture，亦譯作樸門）的理論，活在邊界上的物體，生命力特別旺盛，種類也特別豐富，因為需要想方設法求存，也因為遠離強大的中心，處在從A轉到B或C或N的臨界點上，因此有改變的空間和可能性。如是，聖米格爾。

城南：廿三大街

廿三大街應該是所有到過古巴的旅客的共同記憶。這裡密集各式餐廳、電影院、劇院、音樂廳、酒店、書局、商店、展覽和市集場地等等。從海濱長廊開始，沿著人們稱 La Rampa 的一段廿三街走過去，是歷史悠久的 Minera、Yara、Riviera 和 Chaplin 電影院。每年年底「拉美電影節」期間，這些電影院前總是擠滿影癡，是一年一度不會錯過的約會。這些年，電影院別來無恙：大廳依然昏暗，售票處依然是小小一個窗口，門禁依然森嚴，只在電影放映前後十五分鐘左右才有工作人員出現，門前依然有那些可愛的零食小販子。電影院的數目沒有變多也沒有減少。無論是哪一個國家出品，無論新片舊片，是偏鋒的藝術實驗電影或通俗的好萊塢煽情巨片，票價一律二古巴披索，絕對是古巴新政府的德政。

在廿三街和 L 街角，一邊是 Yara 這個光影迷宮，另一邊則是古巴人生活中最重要的夢想樂園：Coppelia 冰淇淋店。Coppelia 的標誌設計，是穿著花卉成串舞衣、優雅豐滿的芭蕾舞者雙腿，她代表一種品味，一種文化，一種追求，一種創造。闊別多年，依然有長長人龍包圍著這家設在公園中央、看不透內裡乾坤的國營冰淇淋店。一直很好奇為什麼人們願意頂著火熱的大太陽，等候少至卅分鐘多至一個多小時，也要入內一嘗這裡的冰淇淋。好幾年前，跟大伙排隊輪候，終於經驗到成為客人的感覺。也許，就是在那寧靜的綠蔭下，悠閒地面對眼前精緻的玻璃盛器，

（上）電影發燒友的咖啡館。（下）23 大街上的新店，修理手機。

然後不徐不疾把冰淇淋送進口中，享受一股清涼慢慢滲透全身那純粹感覺，別無他想。夢圓了。二〇一五年，很多古巴人已經可以在其他地方享受到越見精美的冰淇淋了，但很明顯，一切轉變都沒有動搖 Coppelia 的獨特地位。

再往前走，廿三街開始有點不一樣。Don Quijote 餐廳搖身一變，成為大規模的私房菜餐廳酒吧和咖啡廳。裝修得美侖美奐的咖啡廳、義大利麵店、披薩店，前鋪後居的私房菜餐廳、義大利餐廳、冰淇淋專賣店、糕點專門店，三五步就有一家。當然，大部分食肆的價格，都高於一般古巴人的消費水準。顧客大多是外國遊客和少數先富起來的古巴人。差不多到廿三街盡頭，Chaplin 戲院附近的一個國營餐廳和商店群組依然熱鬧活躍。二〇一四年底，那一家國營餐廳居然開始廿四小時營業，食譜更是多姿多彩。

那家由英國老牌百貨店沃爾沃斯（Woolworth）變身的國營百貨店，安然健在，大門地上鑲嵌著「WOOLWORTH'S」字樣的地磚完好無缺。櫥窗裡擺設兩大袋餅乾和幾塊番石榴果醬條，另一個大櫥窗是兩罐豬肉和果醬，坦坦蕩蕩，不需要什麼宣傳和裝飾來刺激購買慾。畢竟，國營商店是古巴人基本需要的安全島。店內貨品吃的、穿的、用的都有。小小的飲食櫃檯，依舊忠誠地供應著簡單的飲料、三明治和炸雞等等。然後，人們捧著一盆盆雞蛋，一袋袋麵包肉腸，高高興興地繼續活著。

（上左）廿三大街是許多古巴旅客的共同回憶。（上右）書店兼維修手機店。（下）餅乾攤子和手機救命點。

城西：看海區

看海區（Miramar）由看（Mira）和海（Mar）兩個字拼合而成，又叫海灘區（Playa）。汽車從哈瓦那市中心穿過一條臨海隧道，或爬坡繞一大圈，或徒步或騎單車通過一座臨海鐵橋後，就可以到達城西這環境優美的看海區。一出隧道，就是卅一大街，來回六線行車道旁還有輔道，人行道上種滿婆娑大樹，伴著一座座住宅，安靜地被或大或小的精緻花園環抱著。

這些年，看海區默默起著革命。住在法國領事旁的朋友米娜家對面的大宅開始經營民宿，本來是花園的草坪蓋起了一座兩層高的堅實樓房，門前掛著民宿的標誌。臨海小街上一家兼容藝術展覽的咖啡廳成為年輕文化人的去處。國營商店和餐廳規模更大，私營買賣則各施各法，為這個優雅的住宅區帶來更多生活情趣。

也許，在萬變中巍然不動的海邊浴場，才是最叫人感到生活原來非常簡單非常富足的聖殿。對生活在加勒比海邊的哈瓦那人來說，海邊浴場俯拾即是。只是，在綿長的海岸線上，嶙峋的岩石布滿刺腳的貝殼，海浪洶湧，要很有方法及泳術高超，才能享受海上暢泳的樂趣。看海區海邊 Karl Marx 劇院旁是一列廢棄的建築物，其中一家遺留下的長方形混凝土地基，剛好形成像游泳池的圍堰，阻隔了大海的湧浪，留出一片小小的、平靜的清澈水域，成了社區內外居民的天然露天大浴場。慶幸因為政府缺乏資源，也沒有投資者看中這個全海景的棄置地皮，讓愛海的古巴人這些年來仍能繼續穿越層層頹垣敗瓦，繼續享受浮沉在清涼碧綠的加勒比海水中的單純、自由和富足。

城北：海濱長廊

海濱長廊（Malecon）是哈瓦那以及古巴的標誌。人們在這裡乘涼，聊天，玩音樂，交朋友，做買賣，看人，望海，觀天，思考……各隨尊便。夏天，這裡更是小孩和年輕人跳水與暢泳的天堂。

如果把視線從加勒比海轉一八〇度，長廊隨周邊風景展現出不同的性格。二〇一四年底，長廊兩端都煥然一新，特別是在舊城區一方，簇新的路面配上翻新後的石圍欄，別具匠心的是路面中間鋪著來自不同國家、一直沉睡在海底的石頭，細細訴説著哈瓦那那些年月的歷史，並輔以標示説明牌。這一段路特別受遊人歡迎，除了靠近旅遊區外，還因為它通往設計新穎的古巴國產啤酒餐廳以及工藝市集。如是，長廊多了一個活動：與兩三知己，呷一口舒緩神經的當地啤酒，嘗嘗古巴廚師挑逗味蕾的手藝，感受海上一輪明月引發的幽情。

（上）看海區有許多類似這樣的大宅。（下）看海區的大眾浴場。

（上）海濱長廊。（下）海濱長廊是古巴人的樂園。

必搭：移動的清涼樂土

終於跨上那涼爽宜人的五古巴披索計程車，一下子恍似進入了另一個世界。即便是十二月冬日，古巴當空的太陽還是可以讓人熱得昏眩。在路邊等公車出門或回家，是一種修煉：修耐性，修平常心，修正念，覺知存活的苦與樂，油然生出自在平安的感覺。二〇一四年底在古巴首都哈瓦那遇上的五披索計程車，讓這些修煉立成正果，進入樂土。

黃色帶黑條紋的五披索計程車是一輛廿四座小巴，走兩條特定路線，以首都廣場為總站，來回穿梭哈瓦那東西主要街道。第一次在街上看到這輛其貌不揚的黃色小巴，不理解是怎麼一回事。車身寫著 taxi（計程車）、cooperativa（合作社）、rutero 1/2（專線 1/2）等字，卻看不到任何跟這輛驕傲地在路上奔馳的黃色小巴相關的車站標示。路就在口邊——這是在古巴生活的竅門，從眾人口中，慢慢整理出這輛萬眾期待的黃色小巴地圖。

黃色小巴也該算是古巴政府經濟開放政策的成果之一。為了走出衣食住行都絕對匱乏的特殊時期，古巴政府慢慢放鬆對個體私營經濟的控制。在交通方面，一方面進口更多大小車輛，補充和替換老舊車隊；另一方面則容許買賣車輛，「出售」（se vende）等牌子現在可以在一些轎車上看到，也開放個體計程車的經營權，以及支持合作經營計程車，就像這種廿四座空調黃色小巴。

以一般古巴人月平均收入約廿美元來說，車費一披索不到的公共大巴士是最合理的代步工具。那些五、六〇年代暱稱為「大水牛」的美國轎車，很多都因損耗或因柴油發動機老舊等等，早該退役。但因供不應求，那怕閣下能夠也願意付十到廿披索選擇「大水牛」，也得碰碰運氣，也得忍受那撲面的廢氣、熱浪或雨滴，引擎的噪音、擠擁的車廂、打不開的車門，以及屢次維修彈簧依然突出的座位。而那些保養良好的空調計程車，動輒得花十、廿外匯披索，根本不是一般人的選擇。如是，出入交通一直以來是古巴人生活中的夢魘。

幾年前，計劃往古巴東部自由行，一心以為可以乘坐火車或大巴士，然而一票難求，在火車站張羅了好幾天，最後還是被迫放棄，轉租昂貴的外匯披索計程車。當然，也只有這些計程車才有能耐跑這麼遠的路。二〇一五年初，在西部幾個城市往來，不再需要坐那些保養良好的昂貴公營計程車了，改為沿途租用老舊的私人轎車，只是，多番討價還價後，價錢還是不便宜。畢竟，人們選擇總算多了，感覺也自由了，需求也增加了。那天，從聖迭亞戈回哈瓦那，朋友開著他剛大膽漆上矜貴亮紫色的前東德 Lada 小轎車來接我們，太叫人驚喜了。車子從哈瓦那開過來，明顯已經耗損勞累得不能再動。感謝小鎮上的好心人，大夥修修弄弄，一個多小時後，我們才可以坐上這輛鞠躬盡瘁的車子，迎著高速公路的強風，每人付廿多外匯披索、高高興興

（上）五披索計程車。（下）哈瓦那市中心的交通：前方是馬車，後方是公共汽車。

回家。

哈瓦那的黃色小巴，只收五披索就帶你進入一個清涼寧靜舒適的空間，每個人都有座位，即便是站立也不會擠得喘不過氣來，還可以隨時靠站下車。首都廣場 rutero 總站總有兩條長長人龍，人們在聲浪和熱氣逼人的婆娑世界中，想像那即將到來的清靜涼快樂土。

必看：美國大水牛

古巴也許是全世界擁有最多美國老爺車的國家，一些估計說數量多達五到十萬輛，很多依然行駛在路上。人們喜歡稱它們為「大水牛」，不單是因為它們體型龐大、顏色搶眼，也因為它們噴出的黑煙叫人不得不注意它，讓人既恨又愛。

一九六二年美國實施禁運後，古巴再沒有辦法取得原裝零件來維修這批汽車，神奇的古巴人不知道哪裡學來的伎倆，並像魔法般弄來各式各樣物料，讓它們繼續驕傲地在路上飛馳，解決古巴最令人頭痛的交通問題。在繁忙時段，能夠坐進這些老舊車廂，總叫人舒一口氣。看路上風景聊天養神，欣賞一下車主的創意，壓根兒就是一回藝術體驗，百分百古巴。

（上）色彩搶眼的美國大水牛。（下）收費較廉宜的 Lada 計程車。

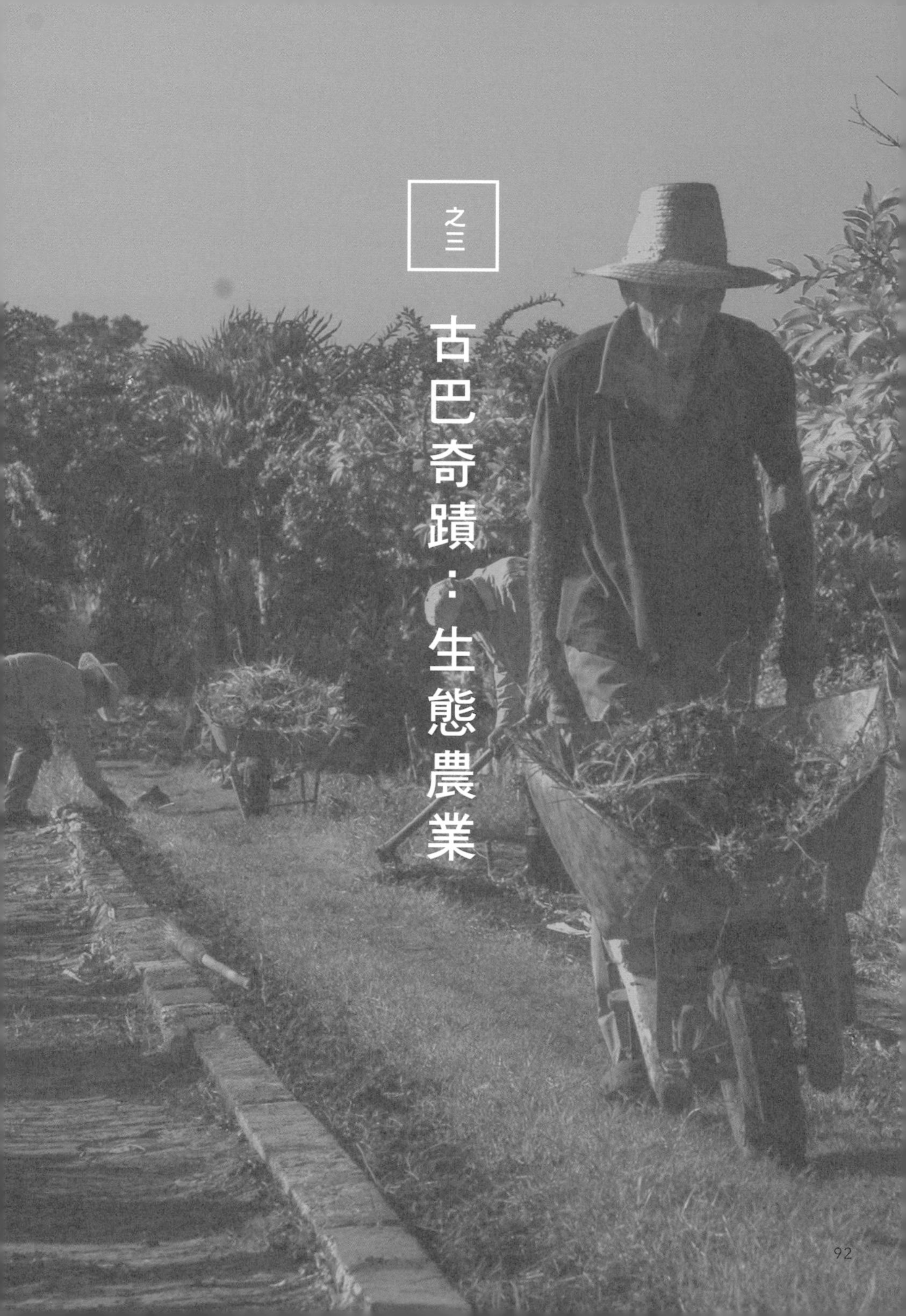

之三

古巴奇蹟：生態農業

汽車在公路上奔馳，離開各大小城市中心不久，滿眼綠意，是自然植被還是農耕地一下子難以分辨。古巴政府一直致力鼓勵國民開墾土地、從事農耕，改變過度依賴進口的狀況，增加糧食自給自足的能力。多次土地改革，一波接一波推出相關措施，讓耕者有其田，嘗試幫助、鼓勵個體進入和持續地從事農耕。儘管如此，農業人口依然不斷下降，尤其是年輕的勞動力更見缺乏。

古巴奇蹟，也許都可以從美國禁運和其他敵對政策找到根源：變。在進入一些小村落或城鎮時，兩旁逐漸多了圍上鐵絲網欄的耕地或林木區，並會發現一些日久褪色的標示：UBPC，或CCS。經過幾次土改，古巴政府擁有超過八成土地。九〇年代初，為了應付糧食危機，政府取消了大部分國營農場，成立合作生產組織UBPC，並推動城市農業，支持城市有機農耕。在哈瓦那，人們將閒置土地和後院建成小型農場，一下子創造了幾十萬個工作崗位，還讓哈瓦那每年的水果和蔬菜產量增加到四百萬噸（十年中增長十倍），二百廿萬哈瓦那居民的蔬菜自給自足率達百分之七十。直至二〇一〇年，從事城市農耕的總勞動人口達卅萬人。不過因為UBPC缺乏效率和效益，政府在二〇〇八年推出CCS，也是合作生產，但成員各自耕種土地，只在生產資源和銷售上合作，運作更為靈活，含更多個體成分。

自給自足的城市農耕

傳奇。農民法奇的農莊位於離哈瓦那七公里左右的聖荷西，門前是一棵婆娑的白色九重葛，為仍然炎熱的十二月冬天帶來一絲絲白色聖誕的感覺，清涼。法奇是一個傳奇，曾獲得古巴農業部頒發優秀農民獎。這些年來，他那只有〇．三公頃的農莊，一直是國內外農業從業者的麥加聖地。當年我們尋訪哈瓦那的城市農莊，輾轉來到法奇的神奇小宇宙，驚訝這小小農莊中居然培育了兩百多種生物，是一個自我完成的小生態。而他那用可口可樂塑膠瓶和醫療點滴計時器組成的自動澆水系統，更叫我嘖嘖稱奇。

法奇的夢想是開設「農民田野學校」，他認為教育無價，這也是革命的原則。二〇一七年初，法奇的農莊門口掛起如此一面招牌：「生態明珠——整全的田野學校」。還沒有坐下來，法奇就給我們展示他的最新創意：用枝椏生產月桂葉和肉桂。我們跟著法奇在那小農莊轉，看他如何用自動澆水器培育月桂的枝椏，聽他說如何用氣根來堆肥，還有那經歷猛烈颶風也沒有破損的風力抽水塔。每個古巴農莊都有他們的自家發明和祕方。離開前，法奇給大夥捎來一大袋田間新鮮蔬菜。他說，蔬菜都不賣，是給自己吃的好東西。而在不遠的大樹下，就堆滿了準備出售的月桂和肉桂樹苗。

（上）法奇和他的生態明珠。（下）城市中的綠洲——城市農莊。

法奇的農莊是一則傳奇，這是一個人以創意建構的桃花源。而散落在哈瓦那城區的城市農莊，全都無縫地跟周遭居民的生活和節奏結合，是眾人的有機現實組成。

聖米格爾工人區邊緣的城市農莊叫 Grito de Baire，方圓大概二．五公頃的耕地上有七、八個工作人員。整個聖米格爾區有五家城市農莊，面積共五公頃，每天為區內居民提供新鮮蔬菜。負責人奧古斯丁曾經三次到中國交流，引進了一些中國蔬菜，例如上海白菜，蒜薹和韭菜等，並已經在這片土地上扎穩了根。就像大部分城市農莊一樣，這裡也種植了驅蟲植物（如萬壽菊），或者利用不同植物（如玉米和洛神花）的特性配合著來防蟲，肥料則用古巴專家最新研發的 Fitoma，以及自家製作的蚯蚓堆肥。不太大的園內，草藥、香草、苗圃……一一俱備。正要道別之際，奧古斯丁拉著我們走進一個小工作室，興奮地展示他們最近利用廢鐵製作的各種農具，手工相當精細，受惠的不光是一家農場，也嘉惠了其他農莊和農民。這裡，就是一個現代城市的創意傳奇。

維尼亞萊斯農耕區

古巴政府自二〇一一年推出各種新政策，進一步放寬對農民在產銷上的控制。走在維尼亞萊斯邊陲的農耕區，馬車、三輪車和一些改裝的腳踏車穿梭，路旁一些房子在裝修中，雞狗家禽各自在院子裡玩耍覓食，各忙各的，各安其位，生氣盎然。不好意思打擾勞動中的農民，嘗試盡量發揮觀察的能力，發現街上多了各種各樣的地攤小店，販售質量不錯的食品，不知道貨源，也猜想他們沒有什麼銷售許可證。政府睜一眼閉一眼，各方受益，只是價格越來越高。

探頭看外面掛著CCS招牌、裡面栽滿各種蔬菜的一片農地，正讚嘆農人的精耕細作時，一個老人家從對面的小屋走過來，熱情地打過招呼後邀請我們入內參觀。老人家退休不久，獨力耕作這片小小的農地，專門為小鎮中一家服務遊客的素食餐廳供菜。他說農地老闆就是那家餐廳，他每月收取定額工資。過去，政府包攬統購統銷。看來，廿一世紀的合作型態真的變了，旅遊部門可以直接跟個別農業單位甚至個人打交道；老人家興致勃勃，看來他也很滿意這樣一種簡單而直接的新工作關係。

青年農民與永續栽培

離開東部小鎮維尼亞萊斯城區往周邊的田間走去，馬路兩旁是大大小小的農戶，不是種蔬菜就是種豆子或菸葉，當然缺不了的，還有用木塊搭建高大牢固的烤菸葉塔。品雅利奧是古巴東部最大的城市，生產全國最好的雪茄菸葉，而維尼亞萊斯則是鄰近一個風景優美受保護的生態區，以農耕和旅遊著名，其中一處觀光點叫寂靜山谷（Valle del Silencio），遊人或騎馬或步行，穿梭散落在起伏地貌上悠遊閑靜的田脈和農舍。

身處這景如其名的寂靜山谷，萬籟安恬泰然，人也變得自在輕鬆。隨意轉個兩圈，就再難辨東西南北。然後，被那個樸實而認真的、寫著「永續栽培」（permaculture）的農莊石頭標示，以及莊園內幾位正在輕鬆愉快地為一隻壯健棕馬上馬蹄鐵的年輕人吸引住。「永續栽培」農法從老遠的澳洲祖家落籍在古巴了！而用如此方法上馬蹄鐵，愛馬的澳洲朋友蘿莎娜說，已經很難見到。

體格健壯的米格爾熱情招呼我們幾個好奇的外國人，請我們到莊園內小坐聊天，看來才五十歲開外的米格爾信心滿滿，他說農莊經常有外國人來交流參觀，他本人也經常參加一些國內、國外農業會議，學習不同經驗。深深感受到這位身材健碩的農夫為古巴農業的發展自豪。

二〇一四年聖誕節前後，也剛好是古美宣布關係正常化不久，米格爾好整以暇地說：「我們早有準備。」一九五九年革命前的古巴，是中南美洲最發達的工業國家，農業單一化、機械化，以出口經濟作物如糖、菸葉和咖啡為主。因美國經濟封鎖和禁運，加上前蘇聯集團的瓦解，古巴被逼得釜底抽薪，發展城市農莊和生態農業自救。幾十年一個華麗轉身，現今古巴在這兩

（上）農業合作社銷售點。（下）法奇採收用生態農法種植的高麗菜。

方面成了世界爭相學習的典範。

不會忘記朋友亞蒂安娜講述關於九〇年代初特殊時期古巴農村的慘況。她在東部鄉村的家，二〇〇六年時依然像一間臨時拼湊、遮擋不了風雨的寮房，是天災，也是人禍。二〇一五年，維尼亞萊斯小鎮上的民房很多都已翻新，或正在修繕中。而周邊村落，大都是簡單的木板、鋅鋁片寮房或混凝土簡易結構，但都得到主人精心照顧、扎實穩妥，可以想像住在裡面的人應該有餘閒和資源去回應這方面的需要。畢竟，維尼亞萊斯得天獨厚，有優美的自然景觀，也有肥沃的土地，適宜的天氣和有心的農人，可以經營舒適的生活環境。

在沉靜山谷裡，在維尼亞萊斯，沒有一個名字是陌生的。跟米格爾中午在農莊說再見後，傍晚在小鎮一家民宿又再見到他在串門子。同一個社區，就像一家人。在米格爾莊園不遠的田間遇上一家種菸葉的農戶，同樣信心滿滿的一個壯健農夫，在菸葉地旁的烤菸葉塔裡，為客人介紹雪茄菸的製造過程，當然也希望客人會買他們自家製作的雪茄。古巴政府讓農民可以保留部分農穫出售，賺取他們的生活所需。靈活的古巴人，都能夠發揮無限創意和想像，利用這個那個小夾縫改善生活。

年輕農夫知道眼前這批不是慣常的遊客，很快就不徐不疾地改變話題聊起家常，他當然也避不開回答關於古美關係正常化這個熱門話題。「我們不富裕，但吃的穿的都足夠，基礎扎實，生活沒有什麼壓力，很好。外面的物質好像比我們豐富，但意義不大，這是我的家。他們（美國）有什麼意圖也沒關係，我們在這裡建起來的，只要我們不放棄，他們就怎麼也拿不走。」

烤菸葉塔內寬敞清涼，外面陽光燦爛，年輕農夫豪爽地送上一枝他們自家製作的雪茄給我們留念。農戶家的午餐已經準備好，一大鍋木薯還有黑豆飯，幾隻小豬和雞隻在人們的腳邊自由跑動，還有追著牠們嬉戲的小孩們。沉靜山谷裡，放眼是這些自然而然的日常農家風景。

用牛耕田，在古巴依然非常普遍。

之四

匱乏年代的生活滋味

衣食住行是生活的基本需要。二〇〇三年第一次踏足古巴，迎面而來的是一記不輕的文化衝擊。首都哈瓦那市中心一家大商場中，一排排貨架空蕩蕩的，只有零星貨品，大廳地上是一堆雜亂的零件。燈光暗淡，只見食品部一排人拿著不同顏色的塑膠袋，守候在放置著一大團黃澄澄奶油塊的櫃檯前，熱切而耐心地等待購買每人每月發配的那幾盎斯奶油。「奶油不常有，下次不知道要等到什麼時候了。」旁邊一位女士向我這個好奇的訪客說。

翻閱歷史，古巴一度是中南美洲相對先進的工業國，一九五九年革命前的古巴貧富懸殊，但只要有錢，就可以吃盡天下珍饈百味，享盡奢華。革命後，特別是九〇年代初進入和平時代的特殊時期後，人們吃盡苦頭。糧食嚴重缺乏，人們吃不飽，營養不良。朋友說，當年人們拿著小冊子可以購買政府保障數量和價格的糧食和基本衛生用品，如牙膏、肥皂等，每人每星期會分到兩磅雞和魚，每年一雙新鞋、兩套新衣服、三套新內衣褲、三雙新襪子等等。但這些供應量遠遠不能滿足需要，人們只能從自由市場、專賣進口和被界定為奢侈品的美元店以及黑市補充生活所需，增加生活情趣。在古巴，簡單如巧克力、薯片、啤酒、汽水都是奢侈品。

這幾年政府放鬆限制，食品種類、供應方式變得較多元，加上遊客湧入，城區內新開了不少前鋪後居的店鋪和特色私廚房。

（左上）哈瓦那最大的公營市場。（右上）半黑市的小販。
（左下）露天市集中最受歡迎的烤豬。（右下）花生糖、芝麻糖、番石榴醬是古巴人最普遍的零食。

週日廣場：快樂派對

哈瓦那革命廣場的露天市集是旅遊古巴不能錯過的地方。多少年來，每月最後一個星期天，哈瓦那人都會一早就準備就緒，去享受這場盛宴。在那裡，你可以買到來自全國各地便宜的、在官方商店難得找到的食物和用品，更可以享受難得走在滿街物資中那種豐足感覺。只是，年前再訪哈瓦時，朋友說革命廣場的派對已經是昨天的美麗傳說了。

類似的露天市集現在各地區都有，該是因為這些年政府放鬆政策，讓食品供應的種類和方法都更多元化和更有彈性。市集規模小一點，更靠近社區，次數也更頻繁點，更符合當下哈瓦那人的現實。二〇一四年最後一個週日，帶著友人芭芭拉的期望，帶著數年前快樂的回憶，興奮地跑到離革命廣場不遠的拉美體育館，去逛那天的週日露天市集。

趕集的人不少，攤販前還是圍著幾層抱著十二分好奇和期待的人，大卡車後頭也是揮動著披索爭先要買東西的手海，同行的古巴友人笑說這是「披索的殺戮戰場」。只是，偌大的體育館外圍，只有疏疏落落幾個小攤販和幾輛大卡車，已經再沒有那人山人海摩肩擦踵、大卡車和攤販一列排開整條大道的熱鬧壯觀場面。耐性地排隊或在殺戮場中奮戰的人，相信大多是那些生活比較困難的社群，畢竟，能夠以政府保障的低價買到基本食物的機會，還是十分難得。一個這樣的市集，跟陌生人分享共同的時空想像，也是平凡日子中的美麗點綴。

除了一些國營單位供應的基本糧食，如米、番薯、木薯、芋頭、南瓜、豆和青香蕉等等外，市集上現在多了鮮肉，外國和本地的加工香腸，一些較精美的糕餅，多款冷凍飲料，以及自家創作的手工藝品等等。而芭芭拉想要的洋蔥，從缺。冷凍海鮮，從缺。香料，從缺。原糖，從缺。讓人垂涎三尺的現燒豬肉和炒飯，就那麼一家。糕點攤，也是這麼一家。本來以為會像往昔週日，袋子塞滿各種各樣的食物，手上捧著一個在驕陽下慢慢融化招人豔羨的蛋糕，擠在人群中蹓躂那麼叫人興奮的時光。最後，就只是在那幾家攤販間兜來兜去，袋子空空，手上只有一束還算不賴的太陽花。總不能兩手空空地敲芭芭拉的門啊。

甜蜜滋味：法式番石榴酥餅

Linea，姑且稱它為第一街吧，是繼廿三大街以外哈瓦那主要的交通要道。第一街和 Paseo（跟第一街垂直的一條寬闊林蔭大道）交界處有兩家劇院，旁邊是一些餐廳，咖啡座和飲食亭。士別三日，咖啡座和飲食亭都叫人眼前一亮，不單出售的食物樣子較有吸引力，種類多了，而且味道也真的叫人回味。沿著林蔭大道再往下走，也出現了一些前鋪後居的飲食小店，出售義大利麵和漢堡等小吃。

在週日市集買不到芭芭拉想要的洋蔥，也買不到訪友的最佳禮物：奶油蛋糕。馬上想起就近第一街的咖啡座，想起日前在這裡吃到，一直叫我愛不釋手的法式番石榴酥餅，還有櫥櫃中陳列的咖啡，草莓和巧克力奶油蛋糕，法式牛角麵包，維也納麵包，全麥麵包，以及各式巧克力條。唯一的遺憾，就是沒有多年前讓我驚艷的小姐（señorita）蛋糕。然而，每次在琳琅滿目的美食前，在充滿咖啡香的店內，腦袋已經沒有餘暇去憂鬱發愁了。

心頭好：國營小姐蛋糕

對，小姐蛋糕，在二〇〇五年真的叫我夢魂縈繞。每次去廿三街的卓別林電影院看電影，一定會跑到鄰近一家小咖啡廳來一杯拿鐵咖啡和一塊小姐，享受哈瓦那最小資的感覺。當年，小姐蛋糕三層酥餅中間夾著兩層奶油那份內斂的奢侈，在匱乏的日子裡慰藉人們的肉體和心靈。二〇一五年初，奶油蛋糕仍然是古巴人的心頭好，節日裡一個膩得化不開的奶油蛋糕

小姐蛋糕。

總不能或缺。也許，小姐再滿足不了當下古巴人對食物的欲望和要求。也許，二〇一五年的古巴人已經有太多選擇，不稀罕那含蓄的感覺。

於是，二〇一四年底、二〇一五年初在哈瓦那已不容易買到小姐蛋糕。那次，在城中那家偌大的國營糕點店內終於找到小姐的蹤影。只是，這位小姐的酥餅太厚太硬，奶油太多太甜，再也尋不着那份矜持含蓄的美麗回憶。

庶民美食：熱花生米

沒有讓人失望的是古巴的家庭手作烤花生米。這幾年物資相對豐富，但在鬧市中仍然不難找到花生米販子的身影。畢竟，這是尋常百姓家能夠輕易炮製的健康零食，就看誰有那一份耐性、體力和勇氣，冒著給警察抓捕的風險，在大街上到處兜售。

喜歡遇上這些賣花生米的，他們大都是上

熱花生米。

了年紀的尋常百姓，是你和我和他和她。手上拿著大束用白紙包裹捲得瘦長的花生米，或靜靜地站在街角、車站和電影院前，或在人群中穿梭，總是一派輕鬆自在的沉著。那天傍晚在首都（Capitolio）廣場等候公車，附近或坐或站一兩個這類毫不張揚的花生米小販，在靜靜恭候他們的顧客。在昏暗的路燈下，如果不是那年輕的叫喊聲，我真有時光停頓的錯覺。時代真的不一樣了，小伙子手中提著藍色木箱，一邊走一邊喊著「熱花生米」，打開箱子，裡面是一堆暖暖的白紙卷。小伙子既進取又想得周到，還配置了新設備和技術呢。那是二〇一四年十二月一個冬日晚上。

也是差不多年紀的小伙子，也許更年輕些，是在舊城遊客區的工藝品商場外，遇到的這個揹著大包的黑實青年，一如既往，手中拿著幾卷花生米。看見他，如獲至寶，馬上掏出廿古巴披索向他要了五卷（每卷一般是一到兩披索），正等著他找回十披索時，誰知他竟然說錢不夠呢，原來一卷居然索價五披索。一時間，馬上認定他以為我們是遊客，漫天開價，心中確實不高興，退回他一卷，轉頭就走。然而，同行的古巴朋友卻被小伙子拉著交談了好一會兒。「他希望我們明白，自己是冒著很大風險在這裡賣花生米的。這是遊客區，警察看得特別緊，隨時會被捕。他來自外省，只希望多賺點錢快些回家。」朋友說：「他不想我們誤會他騙遊客。」古巴人都有很強的自尊心，可以想像小伙子那尷尬為難的心情。想深一層，那多付的幾個披索只不過是風險成本，是我們可以在這裡買到花生米的代價而已。

二〇一四年底，街上的個體買賣活動，大部分都還是非法的。記得有好幾天大清早聽到街上傳來叫賣新鮮出爐起司麵包的聲音，很窩心，就像有人特意為你準備了熱騰騰香噴噴的早餐，迎著你從睡夢中醒來。可是，幾天後卻再沒有這美麗溫暖的叫喊聲了。問朋友為何？他說是因為害怕給警察捉到，「要避一避啊。幾年前一位鄰居因為私賣牛肉，被判了十七年監禁呢！」古巴政府對牛肉的買賣控制得特別嚴格，原因是短缺。但這個判刑也太重了吧，只不過是一個為了稍稍改善生活的微小願望而已。二〇一五年四月，英國ＢＢＣ一篇報導說十八名古巴公務員因為在二〇一二年利用職權，偷了八百萬個雞蛋到黑市出售，面臨五到十五年刑期。報導不忘補充，古巴公務員工資偏低，常出現偷取公物的瀆職行為。

電影院前的爆米花，旅遊區小手推車上的花生糖、芝麻糖、炸甜甜圈、甚至小披薩，學校區小紙箱中的法式水果酥餅……感謝所有頂著大小風險在街上做小買賣的古巴人，他們的努力給生活添加不少色彩、味道、想像和驚喜。

前鋪後居：萬變私廚房

走在街上，不管是首都哈瓦那或西部主要城市品雅利奧，都可以找到開著大門營業的私廚房（Paladar）。在首都城郊聖米格爾小區，兩年前陸陸續續出現幾家前鋪後居的新店。幾個小伙子在剛刷上亮麗天藍色油漆的小屋中，開業經營時尚漢堡咖啡店。現叫現做的漢堡，色香味俱全，售價比國營店貴差不多一倍，但無論是賣相和味道，都極具吸引力，不缺知音客。小店明顯已經成為街坊鄰里愛光顧和流連的地方，也許箇中還包括小店的氛圍：光亮，乾淨，明快的音樂，還有小伙子們燦爛的笑容和活力吧。

漢堡、披薩和各款義大利麵是大部分私廚房的主打，相信這是因為食材來源的限制。除非有特殊關係或管道，最容易找到的還是麵粉、義大利麵和雞肉、豬肉。儘管如此，私廚房發揮各家真傳，顧客享受到不同的手藝和巧思。那天在廿三街，發現一家隱蔽在優雅後院天井裡的餐廳，菜單應有盡有，最吸引的是各式時令水果冷飲。步入天井，四周有致地擺放了不同的盆栽，在炎熱的中午儼如置身綠洲。餐廳設計簡單細心，特別欣賞破舊冷氣機箱上擺放的老舊玩具和宗教偶像，許都是這家的舊物和收藏，陪著客人一起享受這旺中帶靜的小天地。

在品雅利奧市中心，因為集中，小吃的數量和種類，像巨浪般沖著往來的路人。各種口味的冰淇淋散布在幾條主街上，不會缺席的，當然是在大鐵桶改裝的烤箱內變身的十古巴披索的披薩。轉兩個彎角，居然看到一家賣炸巧克力／草莓／香草甜餡條的攤子，廚師在圍攏得密密

（左）前鋪後居的商店。（右上）前鋪後居的披薩店門庭若市。（右下）優雅的小咖啡店也是前鋪後居。

麻麻的顧客眼前現點現做，功夫一點都不賴。一路上還有炸甜甜圈的，賣花生／芝麻糖塊的，花生泥和番石榴醬棒的，等等。而最叫人眼前一亮的是一家雞肉熟食店，寬兩米多、高一米的店面，掛起廿多隻已經燻好的全雞，好不壯觀。一開始時，還以為眼睛出了毛病。多年前，即便是冰雞腿，政府保障的數量根本撐不了幾頓，如果想多吃，就得在美元店才可以買到。如此方便的即食熟雞，而且數量還這麼多，在一個普通的週日，還是第一次遇上。

街頭風景：洋蔥蔬菜小販

終於在朋友芭芭拉家對面的小店買到她想要的洋蔥。記得小店本來是該小區的革命委員會所在地，當年曾經在這裡參加過一個慶祝活動，大夥兒在一兩瓶汽水、幾塊蛋糕和熱情的音樂中起舞。小店除了有市集從缺的洋蔥外，還有碩大的茄子，質量不錯，價錢則稍微昂貴一點。現在，一些受歡迎的食品，都很容易在各地生產合作社的銷售點買到。記得那天在街頭的販售小車上看到一串串公營市場奇缺的蒜頭，一串大概卅個，叫價居然高達六十古巴披索。鮮洋蔥外，還有加工洋蔥末，小小一包，也叫價十披索。物資供應確實豐富了，而物價也真的越來越叫古巴人吃不消啊。

人氣店家：皇后街的金黃烤雞

再訪芭芭拉，手上拿著兩大袋熱騰騰的烤雞。發現這家烤雞店，為我們省卻不少訪友的煩惱。因為匱乏，也因為對中國食物的美好想像，一直以來古巴朋友們對我們的聚會特別有期望：一盆混了醬油的肉炒菜，或者是醬油炒飯。每次從香港到古巴，總會帶上乾香菇、醬油和各款調味包；然後，到處購買材料，大包小包地揹到朋友家開爐烹調。每次，都搞得有點裙拉褲掉的狼狽感覺。二〇一四年底，在市中心的皇后街赫然看見這家烤雞店。耀眼的霓虹燈閃著這幾個字Pollo asado, es lo que hay（烤雞，我們就只有烤雞），以及旁邊一隻又大又可愛又醒目的漫畫雞。在一列失修的店鋪間，亮麗的玻璃櫥窗後，是三排塗滿香草醬料正在烤爐中滾動的雞，香味慷慨地在空中四溢，身著潔白上衣和廚師高帽的大廚和年輕女助理，站在櫃檯後招呼客人。小店設計簡單而富巧思，輕快的音樂加上光亮的照明，吸引路人眼光。一隻全雞售價是一七五古巴披索（合七外匯披索），一點都不便宜，但生意看來挺旺的。那天，我們買四隻全雞去拜訪芭芭拉，爐子裡的雞還沒有烤好，上一批已經賣光，而跟我們一起排隊等候的，還有一、兩位本地顧客。

家常滋味：曼蜜蘋果、黑豆飯

古巴朋友大都愛吃「曼蜜蘋果」（mamey）：被稱為「古巴國果」的一種水果。它的外貌不怎麼吸引人，外皮灰暗，形狀就像一顆巨型芒果，從樹上採摘下來，等四到五天熟透後，肉質變軟顏色變成粉紅色，就可以食用。味道像番薯，用來做奶昔最佳。

曼蜜蘋果。

黑豆飯（congri）是古巴人最普通的主食，就像很多中國人的米飯麵食主糧一樣，沒吃過黑豆飯，古巴人就怎麼也不覺得飽。黑豆飯主要材料就是黑豆和白米，最初的名字是moros y cristianos，即「摩爾人與基督教徒」，兩者都是來自西班牙的侵略者，黑豆代表摩爾人，白米則指基督教徒。烹調方法是先煮黑豆，然後用煮黑豆的水燒米飯，吃的時候加上預先用洋蔥、蒜、青椒和香草煮成的醬汁就行。後來，非洲裔古巴人把黑豆和米飯跟醬汁一起煮，就成了今天流行的黑豆飯。

黑豆飯。

古巴之最：雪茄、咖啡、蘭姆酒

雪茄、咖啡和蘭姆酒都是古巴政府重要的出口產品，極富地方特色。

（左上）蘭姆酒。（CC-by Jeremiah Roth）（右上）「我們有的就是雞」，多驕傲的一句話。
（左下）古巴出口的優質咖啡品牌 Cubita，用外匯披索才買得到。（CC-by CoffeeDetective）
（右下）古巴標誌：雪茄。（CC-by Mike_fleming）

雪茄在中南美洲一帶流行，古巴則以捲雪茄的精細手藝著稱，技術被認為是全世界之冠。古巴西部省分品雅利奧是菸葉主要產地，到處可見高大的菸葉燻烤塔，其中自然生態環境優美的維尼亞萊斯更是訪客的首選。在哈瓦那城華埠旁邊的古老雪茄廠，遊客可以參觀雪茄的製作過程，特別是捲菸工人的手藝，當然還可以選購雪茄紀念品，價格比街上黑市要高。古巴政府嚴格管制雪茄的買賣，以保障國家的外匯收入。記得當年需要向海關展示正式的買賣單據，才可以攜帶雪茄出境，現在的政策可寬鬆多了。雪茄是革命家格瓦拉的標誌，他曾經說過：「對孤單的戰士來說，一口雪茄是歇息時最佳的夥伴。」

古巴人的生活離不開咖啡。每天早上、飯後或休息時，都喜歡來一杯甜甜的濃黑咖啡。政府每月為古巴人提供的基本生活品配額名單中，就有咖啡這一項。古巴咖啡，品質優良的大部分都出口了，留給古巴人的大都是聊勝於無的劣質品。二〇一五年初，在哈瓦那的大小商店都找不到古巴優質咖啡，甚至機場的免稅店都從缺，心中隱隱然一份濃重的失落感。二〇一六年初，遊客區和美元店又再次尋獲優質咖啡的蹤影，而且選擇也多了，希望這是政策變得靈活的結果，讓古巴人可以嘗到古巴咖啡之美。

蔗糖一直以來都是古巴主要的外匯來源。天時地利，古巴著名的蘭姆酒就是用蔗糖釀造而成的蒸餾酒，是調配雞尾酒時不能或缺的主角。對蘭姆酒沒有太大興趣，覺得實在太甜了，但古巴街頭冰凍的甘蔗汁，卻是我夏日最大的欲望，最美妙的清涼劑。眾裡尋它，百喝不厭。

古巴國技：全民玩骨牌

骨牌（Domino）被認為是除棒球外，古巴第二大備受國民喜愛的「運動」。乍看之下，骨牌就像中國的天九牌，只是玩法不同。據說一些古老的文明國度如埃及和阿拉伯，都流傳這種傳統玩意，義大利人在十八世紀把這個遊戲引進西班牙，可以推算出，古巴這個不論種族年齡性別都深愛的「國技」，該是由西班牙人帶過來的。

一般來說，骨牌遊戲可以是兩個、三個或四個人一起玩。老規矩是禁語的，但在古巴則充滿嬉笑、音樂和議論聲，熱鬧非常。遊戲考各人的智慧、記憶以及反應等等，當然還有運氣。無論什麼時刻，都可以見到幾個古巴人圍坐小桌玩骨牌消遣。由於它所需的工具簡單，在特殊時期尤其受到歡迎，是人們忘卻生活憂困、辛苦勞動後的最佳休閒和社交工具。

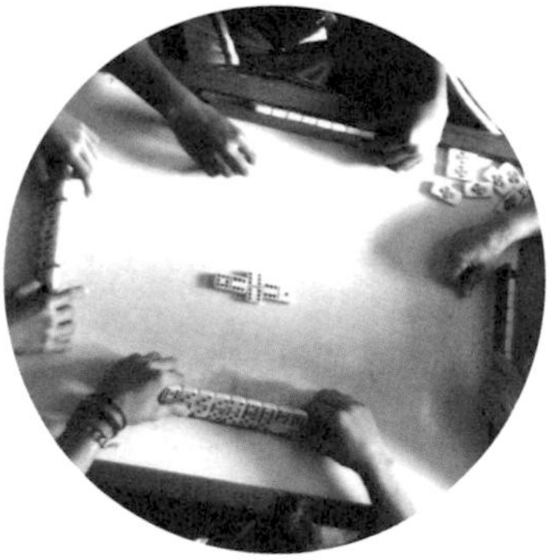
骨牌是大人小孩都愛玩的遊戲。（CC-by Neiljs）

古巴節奏：響棒、沙鈴

響棒（claves）據說可以追溯到奴隸貿易的年代。一個說法是當年運送非洲奴隸的商船，都停泊在哈瓦那港的岸邊，用木釘固定；另一種說法則是，木製商船當年是用木釘子栓起來的。一天，一位非洲奴隸拿起兩根木釘子，敲打起故鄉的曲調來，發覺音色漂亮動聽。如是，響棒就出現了，成為完全古巴的樂器。兩根渾圓的小木棍互相敲打，打出了種種古巴非洲特色的騷莎（salsa）、梅倫格（meringue）和恰恰（cha cha cha）舞蹈的獨特節奏。

沙鈴（maracas）則是源自拉丁美洲的敲擊樂器，以前是用刮空的球狀瓜殼（如椰子殼）製成的，空殼內放一些豆子，然後接上小木棍。在古巴買的第一對沙鈴是紙製的，紙糊圓殼上畫著亮麗的古巴非洲裔女子頭像，黃藍紅綠的花頭巾，嫣紅的嘴唇，大大的黑眼珠。紙糊工藝是古巴特色工藝之一，造型可愛，色彩鮮豔悅目。

古巴瀟灑：瓜亞貝拉襯衫

那些年，要給親朋好友選購古巴紀念

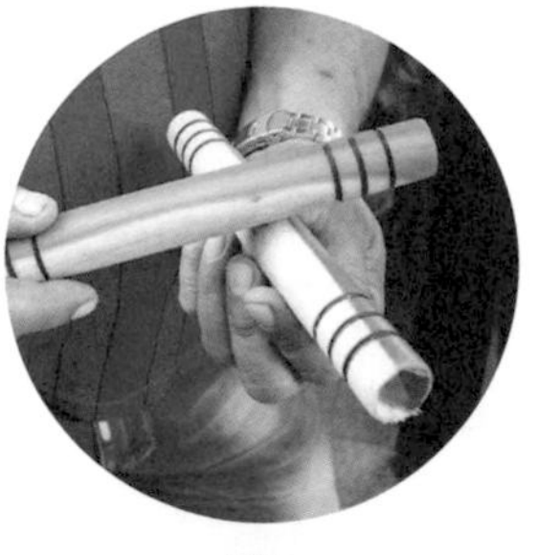

響棒。

沙鈴。（CC-by Tero Toivanen）

品時，總是抓破頭皮，想不出個富代表性的。古巴朋友愛推薦瓜亞貝拉（guayabera），又稱作「墨西哥禮服」的男士襯衫。襯衫四平八穩，清爽古雅，穿起來很舒服，一般以棉麻布料縫製，不是白色就是杏色。特點是前後有兩組密密的細褶，前面有上下四個口袋，剛好在兩組細褶的中央。男士們一般不會把襯衫下擺套穿在褲子裡。走路時，衣擺隨身體擺動，瀟灑也許就是如此釀成的。

瓜亞貝拉襯衫。

如是我信：信仰的力量

二〇一五年九月，教宗方濟各訪問古巴，他是過去五十多年來第三位登門造訪的教宗。方濟各原籍阿根廷，是古美關係正常化的繫鈴人。古巴仍然保留著不少天主教堂，那年跟著米娜到老城區古老的大教堂聽音樂會，深深被那雄偉莊嚴的典雅建築物懾住。正如在歐美，教堂都是主要的特色建築群，也是瞭解一個地方前世今生的必到之處。卡斯楚兄弟倆都曾經受洗，但古巴社會主義政府卻是無神論的信徒，五十多年來對宗教活動施加諸多限制。

走在古巴街頭，總會被一身素白的男女老少所吸引。襯著那通常黝黑的皮膚上一層純淨的白，讓人思想停頓。他／她們該是屬於某宗教信仰！心裡這樣想，也被這好像沒有什麼顧忌的信仰迷住。簡單如那一身白，還有身上的穿戴，紅的黃的綠的珠子手鐲項鏈，祭祀用的各種貢品儀式，喧鬧的音樂舞蹈和浪漫美麗勇武的神祇等等。身邊就有很多這個稱為「約魯巴教」（Yoruba，一般稱為桑泰里亞教〔Santeria〕）的信徒。

西班牙天主教和西非約魯巴教（Yoruba）的神祇們，在無神論的社會主義古巴，和平共處。

精神家園：約魯巴教

因旅遊業的關係，一度只能在家中偷偷進行的約魯巴教變成了當代古巴的特色招徠。幾百年前，西班牙殖民者帶來天主教，來自非洲的黑奴則帶來中西非傳統宗教約魯巴教和聖木杖道術（Palo Monte）。這來自祖輩的生命養分，是每天活著的力量來源。在那黑暗的奴隸時代，甚至在獨立後幾百年的歲月中，這個充滿神祕主義、反映不同世界觀和哲學的宗教信仰，一直受到排斥和壓制。

現年已經八十多歲的桑泰里亞教士蘿莎，五十來歲時得到進階，可以跟諸神對話，為其他信徒進行宗教儀式。她的私人祭壇簡單莊嚴，屋子一角的木櫃內每層都供奉了不同的神祇。其中最重要的是她自己的神——海神 Yemaya，像姐妹般相伴的是愛神 Ochun，傳說 Ochun 住在河裡。蘿莎親手做了一串長長的項鏈給這兩位特別受尊重的女神，並供奉小飾物，船、海馬、救生衣、斧頭、鐵和刀等等，以防女神們在海上發生意外。看著她的神聖祭壇，就看到一個多姿多彩、既真實亦虛幻的精神家園。

隨身守護：聖人的項鍊

在西班牙殖民者的強權下，非裔古巴人充滿睿智地把約魯巴教神祇與西班牙天主教聖人結合，既保住自己的宗教，也延伸其中的想像和可能。就這樣，約魯巴教一代代傳承下來，一直是非裔古巴人困苦生活的寄託和精神支柱。約魯巴教信徒相信，每人都有一個所屬的守護神。這個信仰充滿活力，顯現在人們的穿戴中。

街頭巷尾，都不難見到有人佩帶著刀劍或弓箭等飾物。刀劍是戰神 Changó 的象徵，弓箭則屬於狩獵和公義之神 Ochosi。有人也許帶著多條彩珠手鐲、項鏈或腳鐲。手鐲是愛神 Ochun 的象徵，而項鏈則是準備當約魯巴教士的信徒，在進階儀式中獲授的飾物。項鏈的色彩和配搭代

（上）不同神祇的項鏈。（左下）黃色是愛神 Ochun 的顏色。（右下）紫色是聖拉薩羅的顏色。

表所屬神祇，是信徒和神祇的第一個接觸點，也是信徒的守護天使，一般包含五個主要神祇的顏色：紅色是戰神 Changó，黃色愛神 Ochun，藍色海神 Yemaya，還有慈悲之神 Obatalá 和公路之神 Eleguá。也有人說藍色代表皇后，白色代表皇帝，黃色代表財富和愛等等。那些年，也曾經在小攤上買了一些彩色珠子做的耳環和手鐲，當時還不知道背後的含義。

更讓人注目的是街上經常走著一身純白的古巴人，他／她們都是已經決意正式成為信徒的人，一身素白，從帽子、頭巾、衣服鞋履到飾物如手袋、傘等等，都是白，這樣的穿戴得維持一年。怪不得在街上經常有幸遇到這樣的白衣人。

神祇的信差：打鼓人

在約魯巴教傳統信仰中，鼓（Tambor）是跟神祇們雙向溝通的重要工具，有著非常神聖的地位，不純粹是一種樂器。這個傳統維持了幾百年，打鼓人就是神祇的信差，他們全都是男性，女性不能碰觸宗教禮儀中使用的鼓。

鼓在傳統非洲宗教中是跟神祇溝通的工具。

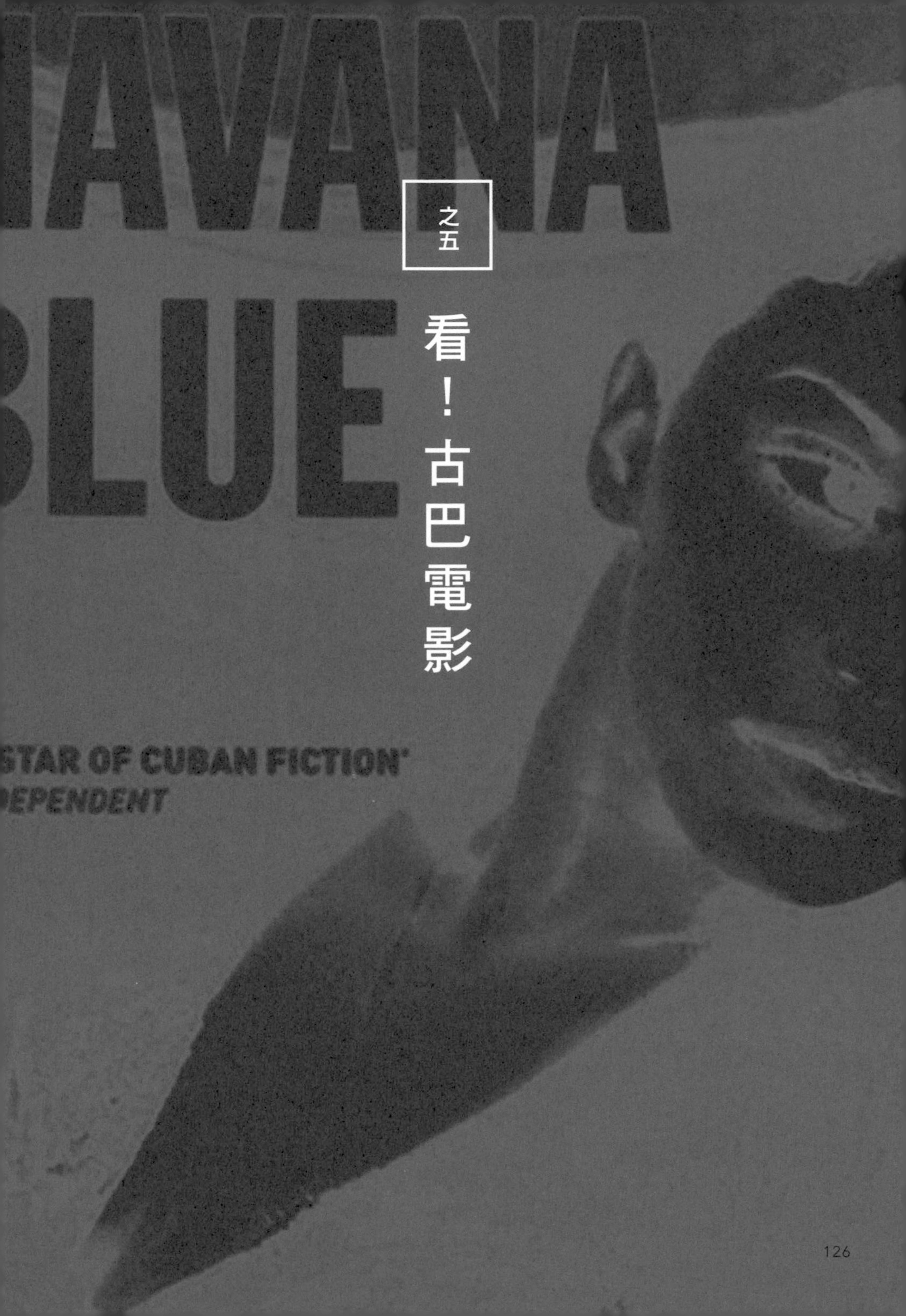

之五
看！古巴電影

每次到古巴，總不會錯過去泡一泡哈瓦那的電影院，除了因為各有風格特色外，還因為它們都是舊式影院，空間寬敞，身處其間讓人有足夠大的空間去想像，去忘卻自我，完全進入一個陌生和奇妙的光影世界中。作為一種大眾文化，電影既是個人的，是自己內心的投射和想像，也是集體的，由眾人一起經歷，共同再創造。古巴革命政府深知電影和大眾文化的作用和力量，新政府成立後，馬上就把電影製作國有化。

每年年底的「新拉美電影節」是大日子，電影院擠滿影癡，趕第一時間看最新製作的電影。古巴人愛看電影，在裡面尋找感情投射，宣洩他們對政府對生活的種種不滿、怨懟，甚或是期盼。在掩映的光影中來一次精神放逐，儘管只是那麼短暫。一些不能在公開場合碰觸的禁忌議題，在電影中被巧妙地把玩。人們藉著議論電影情節，品評現實生活中的好壞對錯。

從古巴人喜歡看什麼電影、談論什麼電影，大概就可以嗅聞到古巴最新的政治風向，知道觸動古巴人心靈的課題，解讀出他們堅守的價值取向。觀賞不同時代的古巴電影，就像細讀一本社會課本，是知性的更是一趟感性的旅程。

苦難的淨化：古巴經典電影

受歡迎的古巴電影，大都像一面鏡子，一面放大鏡或一面魔鏡，讓人們看見自己身處的大小內外世界，看得透徹，不能迴避。在晃動的光影世界中，這些電影深入挖掘，同時也淨化或宣洩種種積壓在古巴人身體、精神、生活中的苦難和折磨。透過電影，人們走進去，逃出來。

一九五九年社會主義革命勝利後，古巴百廢待興。八〇年代末、九〇年代初，導彈危機以及蘇聯東歐共產主義集團垮台，古巴迅速進入特殊時期，廿多年來面臨各種外交政經圍堵，加上積累已久的歷史包袱，形成國內林林種種交纏難解的問題。電影因此也成為古巴人傾訴以及控訴的出口。

半個世紀以來的經典電影紛呈：《一個官僚之死》諷刺官僚體制的荒謬（*La Muerte de un Burócrata*, 1966）；《落後發展的回憶》展示貧窮落後等社經問題（*Memorias del Subdesarrollo*, 1968）；《換屋》諷刺住房缺乏導致社會上出現的種種荒誕行為（*Se Permuta*, 1983）；《草莓與巧克力》碰觸同性戀課題，結果讓男同性戀這個社會禁忌出櫃（*Fresa y Chocolate*, 1993）；《哈瓦那組曲》為苦於沒有出入境自由的古巴人安排一次眼睛旅行（*Suite Habana*, 2003）；《哈瓦那藍調》呈現人才流失、古巴人才無用武之地，究竟該去該留（*Havana Blue*, 2005）；《毛利

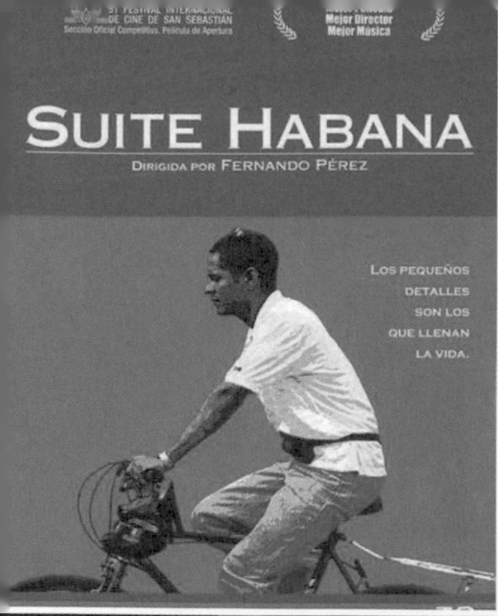
SUITE HABANA
DIRIGIDA POR FERNANDO PÉREZ
LOS PEQUEÑOS
DETALLES
SON LOS
QUE LLENAN
LA VIDA.
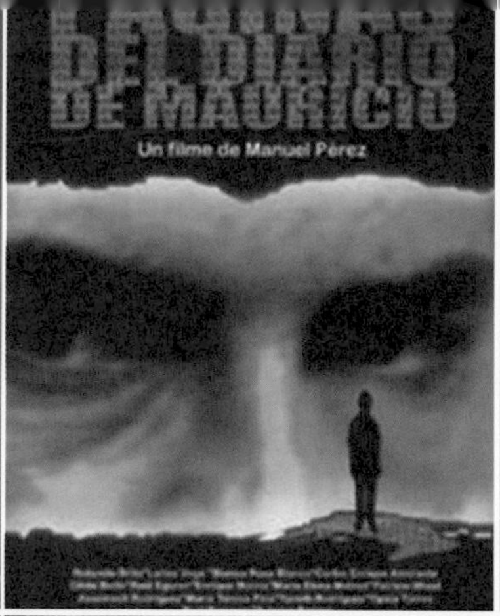
DEL DIARIO
DE MAURICIO
Un filme de Manuel Pérez

LA MUERTE DE
UN BUROCRATA
Una película de Tomás Gutiérrez Alea
CLÁSICOS DEL CINE CUBANO

LOS
DIOSES
ROTOS
UNA PELÍCULA DE
ERNESTO DARANAS SERRANO
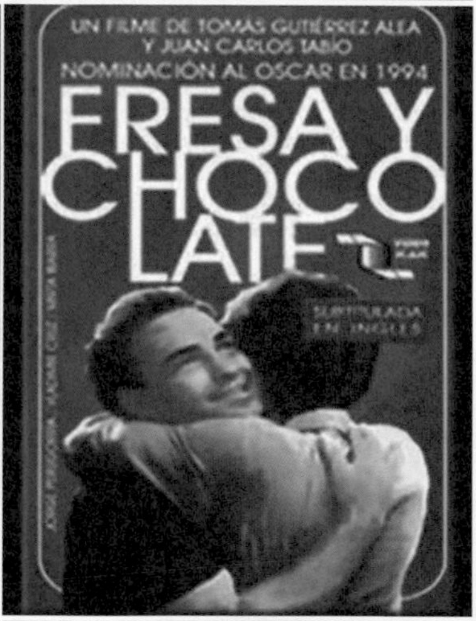
UN FILME DE TOMÁS GUTIÉRREZ ALEA
Y JUAN CARLOS TABÍO
NOMINACIÓN AL OSCAR EN 1994
ERESA Y
CHOCO
LATE
SUBTITULADA
EN INGLES

Sergio Corrieri
Daisy Granados
Eslinda Núñez
MEMORIAS
DEL SUBDESARROLLO
Un filme de Tomás Gutiérrez Alea
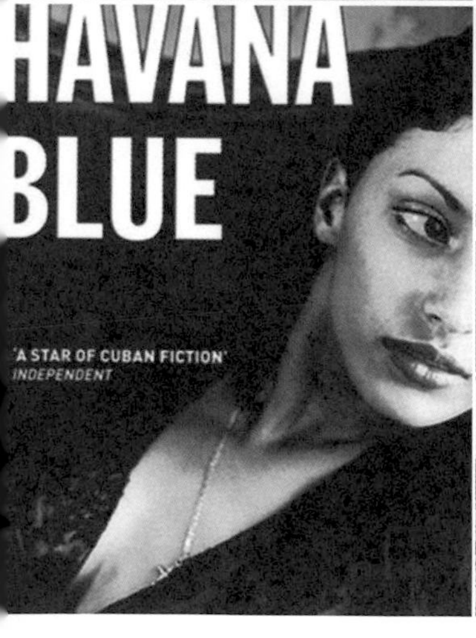
HAVANA
BLUE
'A STAR OF CUBAN FICTION'
INDEPENDENT
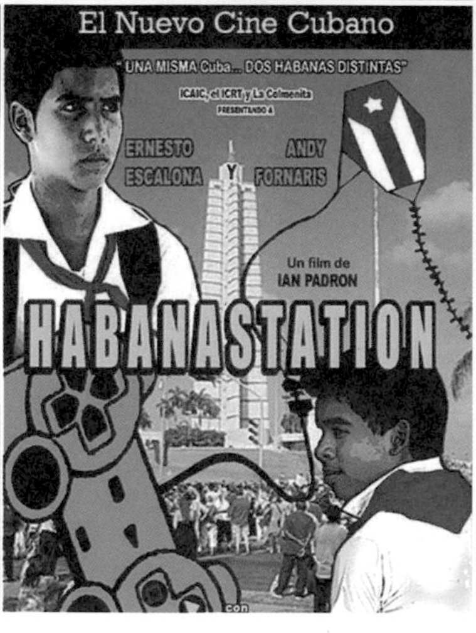
El Nuevo Cine Cubano
"UNA MISMA Cuba... DOS HABANAS DISTINTAS"
ERNESTO
ESCALONA
Y
ANDY
FORNARIS
Un film de
IAN PADRON
HABANASTATION

Un filme de Juan Carlos Tab
SE PERMUTA
MUDANZAS
SUBTITULADA
EN INGLES
Rosita Fornés . Isabel Santo
Mario Balmaseda . Ramoncito Velo

斯奧的日記》刻畫經歷革命狂熱、熬盡現實種種匱乏的人們，如何再把持那些似乎虛空的價值（*Páginas del Diario de Mauricio*, 2006）；《殘缺的神祇們》展示古巴性工作者和皮條客這個邊緣社群的世界（*Los Dioses Rotos*, 2009）；《哈瓦那車站》探討古巴社會貧富並存，兩者如何以及能否共處（*Habanastation*, 2011）……

二〇一四年底古巴人最熱門的話題，除了關於古美關係正常化以外，就是三部在這屆「新拉美電影節」首映的古巴電影：《行為》（*Conducta*, 2014），《婚紗》（*Vestido de Novia*, 2014）和《法蒂瑪和友愛公園》（*Fátima o el Parque de la Fraternidad*, 2013）。

三部新電影更猛烈、深入、赤裸地把古巴人拉進現實中去：那個充滿危機，長時間在美好理想與殘酷現實間掙扎求存的社會。

邊緣族群的生存處境

《行為》被提名競逐二〇一五年奧斯卡外語片獎，並已經贏得了好幾個國際獎項。導演埃內斯托・達拉納斯（Ernesto Daranas）一直關注現實中邊緣社群的存活狀態，這次他通過一個十二歲六年級學生的故事，訴説古巴革命擁抱的價值在當下面對的種種危機。

影片觸動古巴觀眾的脈動，原因不是故事寫小孩、寫教育、寫苦難，而是因為它碰觸生命的核心價值。十二歲小主角家境貧窮，不知道父親是誰，相依為命的母親則深陷毒癮。他上午上課，下午就忙於訓練鬥狗供應非法賭博活動，以供養自己和母親。小主角喜歡同班小女生，女孩一家則是來自外省為尋找更美好生活的「非法」居民。現實處處是貧困和苦難、是自我價值的喪失……

跟小主角有最多對手戲的是快退休的班主任，她代表對古巴國族個性、對文化道德與價值根源的堅持和回歸。班主任頑強對抗已經喪失理念，死板、僵化又教條的教育制度，她跟努力生活的學生一起面對貧困、複雜又艱難的現實。電影劇本由古巴藝術學校一群視聽媒體學生通過工作坊共同編寫，這些年輕人用藝術方法處理古巴人複雜的生存處境，更真實更誠懇地靠近現實。小主角們都沒有劇本，完全隨他們的聰慧和經驗去理解，即興演繹。

挑戰沙文主義霸權

《婚紗》故事發生在一九九四年，當年正好是特殊時期最惡劣的階段，也是古巴人去國逃亡的高峰期。之前一年，以男同志為主題的經典電影《草莓與巧克力》剛剛上演，全國轟動，重重敲打同志這個禁忌。電影取名饒有意思，〈婚紗〉是古巴當代著名詩人、劇作者、文化評

"una boca bien pintada
puede conquistar el mundo"
Fátima
o El parque de
la Fraternidad
UNA PELÍCULA DE
JORGE PERUGORRIA
BASADA EN UN CUENTO ORIGINAL DE MIGUEL BARNET

CONDUCTA
Una película de
ERNESTO DARANAS SERRANO

una película de
MARILYN SOLAYA
VESTIDO
DE NOVIA
UNA HISTORIA DE AMOR
POR PRIMERA VEZ CONTADA

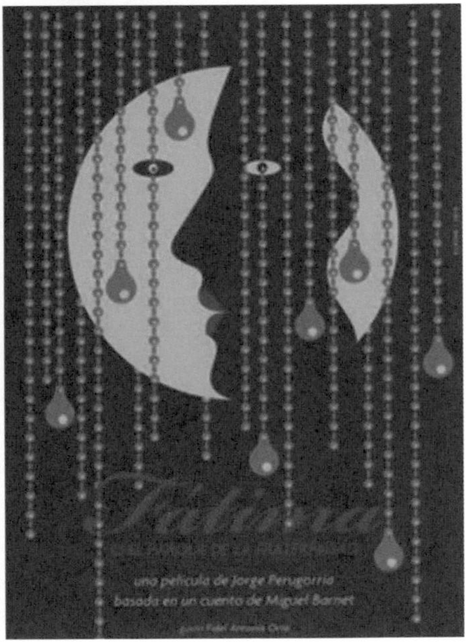
una película de Jorge Perugorria
basada en un cuento de Miguel Barnet

論人曼多薩（Norge Espinosa Mendoza）的一首詩作。曼多薩被認為是古巴最重要的同性戀運動推動者，多年來參與籌辦古巴年度的「反恐同日」活動。〈婚紗〉是第一首以同性情色為題的作品，贏得古巴國家文化雜誌《El Caimán Barbudo》詩作獎項。

電影《婚紗》以一個變性人的愛情故事開始。然而，導演瑪莉蓮．梭拉亞（Marilyn Solaya）要處理的卻不光是社會對「性少數」（特別是變性人）的歧視和排斥，電影要揭露的是古巴社會中父權和男性沙文主義霸權底下的暴力：性別角色定型、偏見和權力不平等諸般問題。不光是性少數的人們吃盡苦頭，他們的家人以致整個社會都同樣是受害者。

愛情故事主角是由男變女、從事護理的妻子，和他／她任職於全男班建築大隊隊長的陽剛丈夫，兩人深深相愛。主角變性進入新的女性身體後，陷入所有當代女性角色定型和偏見的泥沼中，並也參與了性別歧視的再生產。為了保護新的（女）性別身分，他／她隱瞞自己的過去，包括心之所繫的全男班唱詠團，更隱忍前男友以及丈夫同事們惡毒的性暴力：強姦。當妻子變性這一事實被揭露後，丈夫被嘲笑是男同志，他也不能自己地在其他女性身上發洩怒氣。男性向女性施暴、容忍與被容忍……箇中是種種不平等的權力關係，讓父權得逞，讓這種不平等合法化並延續下去。原來，變性並沒有改變性別關係中的暴力、不平等、不公義，以至種種人性的扭曲。

跨越性別疆界的新世代

（女）男孩叫法蒂瑪，從馬竹嘎（Madruga）小鎮來到哈瓦那闖天下，落腳點就是市中心的友愛公園（Parque de la Fraternidad）。在馬竹嘎，他跟母親一直承受著兇惡父親的暴力淩虐。自小，他就清楚自己的性傾向，離開家鄉前，已經跟許多男子享受過愉快的性經驗。

法蒂瑪在哈瓦那的際遇，有苦有樂。在友愛公園長凳睡醒睜開眼睛那一刻，他遇上第一個讓他財色兩失的男人。古巴的友愛公園是同志、皮條客、性工作者、易裝癖者以及遊客落腳之地。不久，法蒂瑪找到工作，正經八百上班下班，跟大部分古巴人一樣，為解決物質的匱乏而勞碌奔波。然而，也是在友愛公園的長凳上，法蒂瑪遇上了叫他死心塌地奉上財色的男人。就為了愛，他穿上女服，在友愛公園開始華麗轉身。

搖身一變的法蒂瑪，婀娜多姿、色藝出眾，成為無數男士床上的性伴侶，並進入小歌廳，以他出色的歌藝贏盡喝彩掌聲。法蒂瑪幹這些工作，沒有太大內心掙扎，他心甘情願供應情人追求的豪華鋪張生活，在黑市購買昂貴牛肉，帶著大包小包禮物回家孝敬親愛的母親，親暱地為她染髮扮靚。就是如此。

《法蒂瑪和友愛公園》的導演就是當年男同志經典電影《草莓與巧克力》的主角之一佐治．

帕魯高利亞（Jorge Perugorría）。二〇一四年，同志已經不再是禁忌，性工作者、皮條客、易裝癖者都是古巴社會的一部分。導演進出法蒂瑪的歷史和內心世界，呈現一個普通、單純、篤定、自信和尊貴的，在古巴八〇年代出生成長的鄰家（女）男孩，一個同志、易裝性工作者和藝人的生命。這麼近，這麼清晰，這麼人性。

誠實生活、誠實地愛、誠實面對自己。酸甜苦辣。走進去，不逃出來。

（上）廿三大街上的 Yara 電影院。（下）電影院售票窗口。

之六

民宿，暫時的人生

革命後，古巴政府沒收身處外地的屋主的物業，重新配置。住房一直異常緊張，特別是在主要城市。城鄉人口比例從革命前的一半一半，增加到七、八〇年代的七比三，到了廿一世紀初，城市人口更高達總人口的八成，首都哈瓦那就有兩百多萬人口。資源缺乏，政府斥資興建的學校、醫院和工人住宅區等，為數不多，一般民房只能修補再修補，改建再改建，以迎接持續增加的房客。

九〇年代古巴進入特殊時期，旅遊成為主要經濟來源，隨著不斷增加的遊客，民宿數目亦越來越多，越來越受歡迎。除了需求持續上升、價錢比國營酒店便宜外，民宿的靈活方便，以及不同家庭的的色彩、韻味和特色，也是民宿吸引力歷久不衰的原因。而對我來說，更重要的是，民宿是認識古巴、進入古巴人生活的一扇神奇大門。

過去，古巴的住房供給追不上人口成長速度，住房成為人們生活一大難題，為了改善或解決居住問題，街頭上常見「換屋」的張貼。近年，政府開放人民買賣房屋，街頭出現許多「今日，有屋出售！」的招牌——缺房的古巴人，為什麼會出售珍貴的家？

安德勒與伊莉莎白民宿—哈瓦那巴西街
Andre y Elizabeth, Calle Brazil, Havana

古巴民宿大多以主人命名。安德勒的民宿趕在二〇一四年底聖誕節前開業，朋友蘿莎娜和彼得是第一對住進去的外地客人，他們的房間連著開往陽台的客廳，工人還在後頭趕工。安德勒是個年輕小伙子，溫文親切，總是面帶微笑，笑起來眼睛變成兩道彎月。他整天跟著工人身後進進出出，親自動手。聊起來才知道他是建築師，民宿算是他個人的工程吧。

安德勒的民宿位處首都廣場周邊一條小街上，坐落遊客區中心，交通方便，鬧中帶靜。從陽台放眼過去就是劇院和廣場，坐在那裡看人看景都是賞心樂事。安德勒的岳母伊莉莎伯經營民宿多年，家就在旅遊區內，典型的西班牙建築，充滿殖民地和拉丁情調，經常客滿，就連天台那後來加建相對狹窄和現代化的房間，也總是住著客人。

當蘿莎娜和彼得二〇一四年十二月初敲伊莉莎白客滿的民宿大門時，他倆就被轉介到還在趕工的安德勒民宿去。聽說這個大概一千多平方呎的房子原來相當破舊，要價廿萬外匯披索，安德勒花了不少資源和心血進行改裝工程。蘿莎娜喜歡這個自在、舒適又有格調的民宿：客廳一套古董、然的木質籐編搖椅，單人籐凳和長椅，開放式廚房，飯廳日照充足，客人可以親自

（上）充滿西班牙風情的民宿。（下）民宿客廳。

下廚，亦可請安德勒供餐。這種方便，更貼合不同旅客的需要，卻是一般民宿不會提供的。

蘿莎娜與彼得在哈瓦那住了約五天，每天拖著疲倦的身軀回到安德勒民宿，都發覺有點不一樣：飯廳多了不同的盆栽，剛裝修完的房間已經住進客人，早上飯桌前坐滿等待上早餐的旅客，廚櫃內備了精美的餐具……。溫文的安德勒一口不錯的英語，耐心回答關於古巴的種種問題，帶著他滿臉親切可爱的微笑。

伊莎貝和路易斯托民宿—維尼亞萊斯
Villa Isabel y Luisito Hospedaje, Viñales

維尼亞萊斯汽車站經常有一群人在等，等到站旅客，等已經預訂好房間的客人，也等更多還沒有預先安排住宿的人。只要車一停，狀似遊客的人腳跟一踏上維尼亞萊斯土地，民宿主人就會揚聲招徠。小小的維尼亞萊斯民宿開滿街，在旅遊淡季，能不能找到客人，就完全看各人的緣分和運氣了。

住進伊莎貝和丈夫路易斯托經營的民宿，是因為璜娜（Juana）。她跟伊莎貝是妯娌，本來也經營民宿，但因健康問題，目前已經休業。維尼亞萊斯真的很小，大家都認識，很多人都有親戚關係。璝娜的哥哥也經營民宿，她甜滋滋地說，香港媳婦當年就是哥哥民宿中的客人，後來遇上璝娜的兒子，最後成為古巴人妻。

伊莎貝的民宿離車站有一段路，需要動點腦筋才可以招徠到客人。二〇一四年底，維尼亞萊斯大部分房子都好像剛翻新，準備迎接遠方來客。伊莎貝只有一間客房，另一間還在裝修中，就像大部分新建的鄉郊房子：小小的前庭，小小的後院，屋子左邊是一排房間，右邊是大廳和廚房。因為經營民宿，伊莎貝的小屋裡裡外外都粉飾一新。也許是競爭激烈，房租一般只收十五到廿五塊外匯披索，還要向政府交房稅，因此客人的餐飲才是民宿的主要收入來源。

記得幾年前在東部旅遊城市千里達（Trinidad）一家古老西班牙式民宿留宿，每天晚上在那美麗的院子裡享受主人精心烹調的晚餐，一般餐廳中缺貨的龍蝦和海魚等食材，因民宿主人的關係網絡，似乎都有辦法獲得。儘管價錢不便宜，但絕對讓人充滿期待，藉此留住客人、增加收入也贏得口碑。每天，伊莎貝都會溫柔地問：「你們明天用早餐嗎？午餐？晚餐？」每次，伊莎貝都費盡心思，把餐桌弄得色香味俱全。

海洋民宿，拉巴哈達民宿——瑪麗亞拉高達海灣

Villa del Mar, La Bajada, Maria La Gorda

（上）在島國最西端的海邊民宿。（下）從民宿望出去的拉巴哈達海邊。

古巴西部盡頭的瑪麗亞拉高達（Maria La Gorda）海灣擁有美麗綿長的沙灘，以及生態資源豐富的珊瑚礁，吸引許多游泳和浮潛愛好者前來。可是，這裡只有一家國營度假酒店，像一般五星級飯店一樣，設備齊全但價錢貴得驚人。這裡公共交通嚴重缺乏，只有國營遊覽車一天往來一次，一旦沒有旅客的話，還會隨時停運，遊人只能靠昂貴的出租車輛，或一點都不便宜的馬車出入。

付不起或不願意付五星級酒店房租的旅客，二〇一四年底可以選擇住進離瑪麗亞拉高達最近的拉巴哈達（La Bajada）民宿。說近，距離也達七公里之遙。拉巴哈達小鎮臨海，設有政府邊防人員和辦公室，遙望墨西哥灣。村落因邊防而形成，感覺有點凋零，小平房大多失修，亮著燈火的只少許幾家，細聽有禽畜的活動聲。但更多房子重門深鎖，只有恆常響亮的拍岸風浪和海鳥嘯鳴。

難得見到兩、三個人策騎馬匹，或幾個年輕人在岸邊戲耍，還有一家正在大事裝修的平房。主人溫文爾雅，從哈瓦那「回流」到拉巴哈達，決定在老家重新開始，經營民宿。如果不是因為瑪麗亞拉高達海灣，旅客應該沒有更大誘因和動力，不辭遠道艱難跑來拉巴哈達。

維尼亞萊斯旅遊公司有的說拉巴哈達沒有民宿，有的說這裡的民宿沒有水電。但靈活的古巴人總有方法找到客人，民宿主人一般跟導遊和出租車關係緊密，互惠互利。在街上多問幾家、多撥幾通電話，就可以順利穿山越嶺抵達較遠一些的海濱小鎮安頓。

海洋民宿（Villa del Mar）外牆刷上淡藍色，臨海。屋內廚房廁所飯廳客廳臥房一應俱全，臥房有風扇、廁所有抽水馬桶、淋浴有熱水裝置。只是廚房的水龍頭還沒有接上開關，當水箱的水用光後，當村裡的發電機休息時，民宿就真的沒水沒電了，風扇、馬桶和淋浴都成了聊備一格的裝飾。臥房櫃子裡堆滿主人的衣履鞋襪。有客人入住時，全家就撤到後頭的簡易寮屋去，從後門進進出出為客人備餐和清潔。

黃澄澄渾圓的落日，在墨西哥灣遠方的地平線徐徐消失。蹲在拉巴哈達的岸邊，讓和煦溫軟的風浪細細撫摸，腳底下是經風化侵蝕厚厚的碎珊瑚層，這一切原都該在清澈的海水中優哉游哉。當金黃的太陽完全落下，看不見蹤影聽不到聲音的沙蚤就開始活動，給遠方客人送上久久不願離開的痕癢。

特利民宿—聖露西亞，品雅利奧
Villa Terry, Santa Lucia, Piñar del Rio

瑪麗亞拉高達海灣以珊瑚礁出名，面向加勒比海的海灘則以水清沙細而成為遊人的寵兒。

（上）品雅利奧白蘭卡民宿別具特色的客廳。（下）住宿旅客可自行烹調的小廚房和餐廳。

到加勒比海灣 Cayo Jotia 的旅客，大都投宿在十公里外的聖露西亞，一個頗具規模的礦業城鎮。遠處是已被削平藏著豐富礦產的山脈，樓房則分布在山丘的周圍。聖露西亞沒有酒店，零星兩三家民宿散落在城鎮的邊上。

特利民宿好像才剛開業，小屋應是兒子和媳婦的住所，爸媽則住在隔壁另一家差不多一式一樣的平房中。特利是媽媽的名字，她是一名做衣服的巧手，現在跟媳婦一起打理民宿，兒子和老父則早出晚歸繼續在附近的農田勞動。屋前是經悉心修葺的小庭園，後頭則栽種多種作物。樸實素淨。坐在前庭的小凳上，呷一口清涼的酸角汁，靜觀當地主要交通工具馬車在門前來來去去，走進古巴城鎮的風景。

兩居室平房只有一間雙人房出租，枕頭床鋪簇新，那紅綢布好像是小夫妻新婚的用品。旁邊是一間沒有獨立廁所浴室的房間，不符合政府出租的要求，所以只能騰空。如是，客人得以享受一整個獨立平房的奢侈。奢侈的，還有那豐盛美味的晚餐，以及慷慨的主人及時貼心的古巴香濃咖啡。

朱利和嘉麗民宿—聖迭亞戈
Villa Julio y Cary, San Diego de los Baños

聖迭亞戈因為有一家據說是全拉丁美洲療效最好的溫泉療養中心而得名，民宿朱利和嘉麗就位於這家正在進行大修的中心旁。三間客房一列排開，緊接著主人的起居間，面向一個綠油油的寬敞庭院，以及一幅用小瓷磚砌成，展示聖迭亞戈小城風貌、充滿平凡生活童趣的馬賽克壁畫。踏進民宿，迎面就是這寬敞雅致的花園和好客熱情的主人，難怪客人總是捨不得離開。

房間前廊經常坐著悠閒的人，也許是旅客，更多時候是主人的親友，還有鎮上與遊客有關的各色人等，例如製作布娃娃的達人麗莎；英語了得、喜歡為旅客做導覽和聊天的中學老師，還有他認識的種菸葉捲雪茄的老師傅，等等。

二〇一四年底療養中心依然停業。中學老師說，外牆等等已經弄好了，只是內部維修還沒有完成，工程比較龐大，缺乏資金，不知道是否可以重新開門經營。小鎮居民生活如常，恬靜悠閒，也有掛著出售標示的空房子。而，來往哈瓦那的公車還是擠滿了人。

白蘭卡的家──品雅利奧
Casa Blanca, Piñar del Rio

她說只要說出「白蘭卡的家」，人們都知道在哪裡。白蘭卡肯定很出名。她經營的民宿位於品雅利奧一條大街上，離市中心有七公里，但客人絡繹不絕。也許是因為來品雅利奧的旅人很多，也許是市中心的民宿缺乏，也許是白蘭卡的人際關係特別厲害，也許是她的房間和服務贏得稱譽。

也許都是。因為市中心所餘無幾的民宿都不大合意，在街上遇到一位熱心的當地人，盛情引領蘿莎娜和彼得坐公車到白蘭卡的家，他們一看就愛上。不光是窗明几淨，家具布置很有歷史感和品味，房間寬敞舒適配搭得宜，最為傳奇的，該是白蘭卡一家跟古巴革命的特殊關係。

已經八十多歲的白蘭卡仍然精力無限，從早上進進出出為客人安排早餐，到對餐具擺設的執著，以至經營民宿的想法等等，都有一番見解，處處都可以感受到她的幹勁。客廳的茶几上放滿大大小小的黑白照片，努力從中尋找年輕時的白蘭卡的模樣。看著這些照片，白蘭卡言語間充滿自豪，她說丈夫是古巴前領導人卡斯楚的同窗，丈夫早年在品雅利奧市政府工作，家住市中心，後來換房才搬到這裡。女兒跟她同住，兒子則已經遷居哈瓦那。老人家經營民宿已經有好長一段日子了。

今日，有屋出售！

「出售」（Se Vende）。這是二〇一四年底、二〇一五年初在古巴街頭最常見到的一個詞，無論是在首都哈瓦那，以至西部人煙稀少的小鎮如聖迭亞戈都可見到。這兩個字差不多全都寫在毫無設計的紙板上，字體大大小小歪歪斜斜，有的附上聯絡人電話號碼，遠距離實在難以看清。簡樸的紙板，用最原始的方法綁在陽台的圍欄或窗框外——這次，古巴人要出售的居然是最缺的住房，家。

一直以來，跟朋友談起古巴，總津津樂道當地人「換屋」（Se Permuta）這個做法。一九五九年後，古巴政府確保居者有其房，但禁止人民買賣房產。人口不斷增加，人們持續往城市走，政府缺錢，又沒有開放私人市場，住房成為古巴人生活中一個最大的難題，住房越來越擠、屋況越來越差。十年前在古巴街頭見到的就是「換屋」紙牌，人們為了改善或解決居住問題，想出這個極富創意的做法。毫無設計的紙牌或吊在窗框或夾在門欄中，字體歪歪斜斜，而換屋的決心堅定而迫切。

朋友米娜用兩套住房，換來位於哈瓦那環境清幽的使館區中一座寬敞的西班牙大宅，一家四口跟獨身的阿姨和弟弟同住，得以互相照顧，並出租房間賺取外匯收入。古巴經典電影《換屋》描述一個媽媽如何費盡心思，通過換房為女兒尋覓一個擁有理想住房的金龜婿。只是，結果卻人算不如天算，是一套百分百的黑色喜劇。

於是，像發現新大陸一般——Se Vende，到處有屋出售。近年，古巴政府終於把住房這個民生的重要一環，放手讓市場進入。只是，房價仍然由政府估值，法律上買賣雙方要以政府的定價交易，外匯管制依然嚴緊。但只要稍稍打聽一下，就知道「上有政策、下有對策」這種民間智慧。法規行一套，現實走另一套，一家在市中心面積約千來平方呎的單位，政府估值是二千外匯披索，屋主叫價則是二萬多外匯披索。一家靠近哈瓦那大學帶車庫的房子，更叫價十萬外匯披索。買賣雙方規規矩矩按政府規定，以官方估價簽署買賣文件，在官方銀行交收款項；但私底下，雙方則以協商的昂貴價錢成交，各出奇謀，交收對月入平均僅約廿美元的古巴人來說是天文數字的外匯屋價。

二〇一五年初，哈瓦那城中幾條主要大街掛著「有屋出售」紙牌的房子密密麻麻，蔚為景觀，數目遠比以前換屋的多。其中有新有舊，有大有小，有些仍然有主人，有的早已空置。即使在較偏遠的小區，情況亦不遑多讓。一旦發現這些紙牌，總會給這些靜待新住客的房子行個駐足禮——缺房的古巴人，為什麼出售珍貴的家？主人要往哪裡去？這些問題，也許沒有多少人能夠給出很好的答案。古巴朋友說，有很多人是要離開。

近年古巴政府放寬私營企業，包括飲食、零售和交通等等，亦開放出國旅遊，古巴人為了改善生活，挖盡心思賺取更多收入：前鋪後居，開著公家汽車接送自己的客人，從公營單位取

（左上）掛上「有屋出售」紙牌的房子在哈瓦那越來越多。（右上）「有屋出售或換房」，如此街頭廣告就在張貼在繁忙大街上。（左下）缺房的古巴人，為什麼出售珍貴的家？（右下）這間位於哈瓦那市區 Paseo 的房子，二〇一七年初叫價十二萬外匯披索。

得貨品在黑市買賣等等，不一而足。那天，在品雅利奧街頭的燻雞店前，跟其中一個客人聊天，原來他是隔壁一家剛刷上新油漆的空置房子的主人。妻子是巴拿馬人，這幾年他古巴和巴拿馬兩邊跑，從彼方買來古巴缺少的東西出售，生意越做越大，看他手上的金飾可以想像他的收入頗豐，再看他那有點空寂的房子，可以知道他不常住古巴。

認識一個要出售房子的女士，丈夫幾個月前去了美國，留下她和八歲的小女兒。女士急著賣出房子，拿著這筆錢往美國跟丈夫開展新生活，女兒先留下，待她安頓好工作和生活後才一家在彼方團聚。想起維尼亞萊斯的璜娜。她的丈夫幾年前跑到瓜地馬拉工作，已經另築新家庭；兒子幾年前跟異地妻子移居香港，女兒去年也去了瓜地馬拉跟父親會合。璜娜本來經營舒適的民宿，現在門庭冷落，而她亦盼望離開，跟兒子一起生活。到時，也許又會多一家「有屋出售」了。

第二部
登堂入室

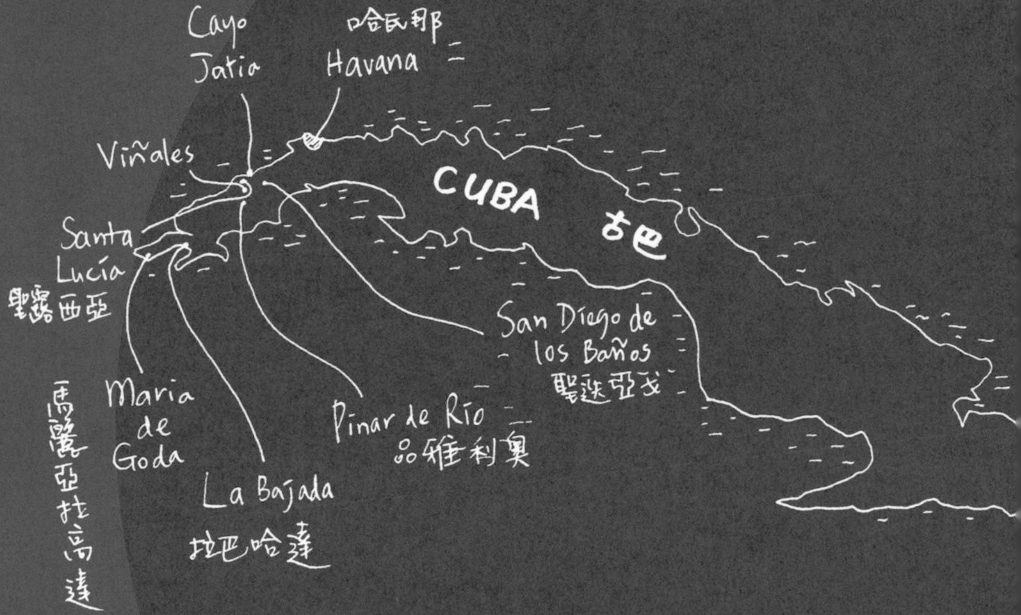

Cayo Jatia
哈瓦那
Havana
Viñales
CUBA
古巴
Santa Lucía
聖露西亞
San Diego de los Baños
聖迭亞戈
Maria de Goda
馬麗亞拉高達
Pinar de Río
品雅利奧
La Bajada
拉巴哈達

12個古巴人，12部小歷史

是恆常酷熱的天氣，是居室的設計，是社會文化習慣……走在古巴街頭，不難看到人們或安坐玄關的搖椅上悠閒聊天，或身靠陽台與街道另一邊的鄰居搭訕，或看風景，或看人。

有幸走進古巴人的房子，就像走進了時間和空間的隧道，走進他們的過去現在，讓我們可以更立體地想像他們的未來。愛造訪古巴朋友的家，穿梭那充滿主觀的、客觀的、個性化的，由年月、人物、內外、大小環境編織的既實在又感性的世界，慢慢理解和補充或虛無或抽象的所謂事實、概念和數字。況且，街上可以舒舒服服、悠悠閒閒地喝杯茶吃個餅的餐廳或咖啡廳，簡直是鳳毛鱗角。家，似乎是最方便最自在，也該是最理想的供朋友聚首的地方。

古巴朋友的家大都有幾十年歷史，儼如突然被凝結在過去某一個時空中。無論是室內裝潢、家具用品乃至房子周遭的社區，都變化不大。老舊木櫃珍而重之收藏著典雅的西洋餐具，暗花玻璃展示著那些年月的工藝美學，廚房水龍頭關不了也擰不動，樓梯照明壞了缺零件維修，隔壁大樓外牆隨著日子慢慢剝落……

離開，或留下

在物資匱乏的大環境中，人們努力活著。沒有餘錢更換或添置新家具，市面上也找不到維修保養的物料和零件。自一九五九年革命勝利後，古巴人無論是工人醫生律師教授，月薪一直保持在廿到卅美元的水平，城市農莊的工人比較幸運，如果農作產量高、生意好的話，每月的分紅可以是工資的一倍。可是即便如此，生活還是很困難，特別是在八〇年代末、九〇年代開始進入特殊時期，情況更是災難性的惡劣。政府控制物價，補貼基本食用品消費、提供基本教育和醫療服務，耕有田居有房，的確是餓不死也凍不壞，但也僅此而已，物資非常短缺，即便是基本衣服鞋履、燃料交通，大家都得各出奇謀，才能更好地活著。

不少人選擇離開。事實上古巴自革命後，其中一個重要社會議題就是家庭離散、人才流失。一九五九年革命前後，最先一批離開的是對社會主義前景感到悲觀害怕、較為富裕且教育水平較高的中上層。從特殊時期至今這廿多、卅年間，再有無數古巴人冒著生命危險，從海路、陸路、或合法或非法地離開家園。人才繼續流失，更多家庭天各一方。身處異鄉的古巴人，是小島重要的外匯來源，他們既是不少家庭精神上和實際上的牽掛，也可能是僅有的希望。

乾腳，或濕腳

人們循種種辦法離開，有機會出差外訪、學習交流的醫生教授舞蹈員運動員……逾期不走申請庇護；沒有管道的，不少就冒死偷渡美國。因為地理和歷史原因，也因為美國從一九六六年開始實施只適用於古巴人的《古巴難民調整法案》（Cuban Refugee Adjustment Act），讓所有踏足美國的古巴人都享有逗留和申請居留的權利，並發給不薄的生活津貼。俗稱「乾腳」（從陸路抵達）、「濕腳」（從海路）的政策規定，只有那些在海上被堵截的古巴人，才會被送回古巴。很多古巴人就是擠在破舊橡皮筏和卡車輪胎中，漂渡全長九十英哩的佛羅里達海峽，冒死搶灘要偷渡到美國。古美恢復外交關係後，大家深恐相關法令很快就會取消、津貼會成為歷史，偷渡到美國的人數更是有增無減。根據路透社報導，二〇一五年前三個月共有九三七一名古巴人從美國和墨西哥邊境以及邁阿密偷渡進入美國，較二〇一四年同期上漲了一・一八倍，差不多是二〇一三年十月到二〇一四年九月一整年三六七七人的三倍。二〇一七年一月中，美國總統川普取消「濕腳／乾腳」措施，古巴人不再享特殊移民優待政策。

這幾年，一直鬧屋荒的古巴，居然到處是求售的房子，不少已經人去樓空、出走海外。房地產市場在二〇一一年才正式解凍，目前仍然關卡重重。古巴人變賣身心之所繫的家，就好像發出一個毫不含糊的告白：決心（捨棄得來不易的家）像其他千萬個古巴人一樣（不留回頭路、割斷牽掛地）徹底（不管是個人或一整個家庭）離開。

登堂入室。進入古巴朋友的家，聽他們的故事，看平常百姓與古巴這些年的轉變與當下。

黛玲・如煙似霧

黛玲的菸抽得很兇，經常被煙霧包圍著。也許是思慮過多，坐在家中想東想西，尤其是丈夫三個月前離開古巴到美國之後，她更表現得有點精神緊張。二〇一四年底，黛玲把房子放到網上出售，叫價二萬八千外匯披索（大約二萬八千美元），計劃售出後拿著這筆錢到美國跟丈夫會合，把一切安頓好然後再把小女兒接過去，一家人在美國開展新生活，徹底離開家鄉。

黛玲從來沒有處理過類似的房屋買賣，由父親幫忙和買家商討買賣細節。其實，絕大多數古巴人應該都沒有這個經驗。居住是古巴人生活中的難中之難，萬物皆缺，房屋更見緊絀。五十多年前，革命政府大肆改革，差不多全國私有房屋土地都被收歸國有，重新分配。人口增加，人們從鄉郊遷移到城市；物資缺乏，哈瓦那的居住空間特別不足，一些房子擠住幾戶人家，家家想方設法改善居住環境。當房屋買賣在社會主義古巴是一個禁區時，「換屋」成為一個社會特色。為了覓得一個舒適的家，有人會悉心照顧一些沒有後人的獨居長者；一旦長者過世，辛勤的照顧者大多獲得回報，得以合法繼承房產。

黛玲家是一棟位處城中的西班牙建築，有近百年歷史，一層兩戶、樓高三層，靠近著名的

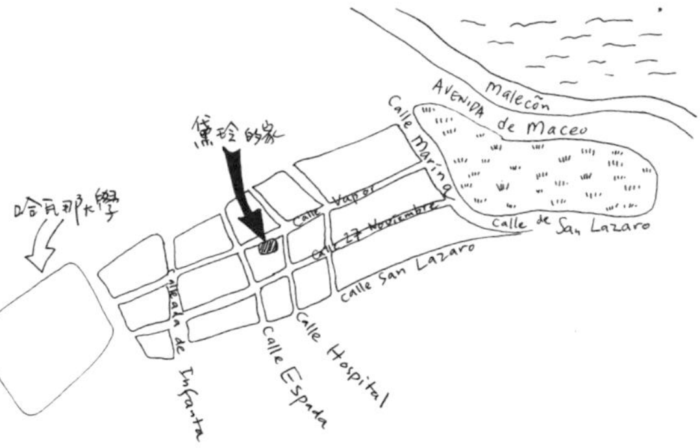

哈瓦那大學，跟海濱長廊只相距幾條小街，靜中帶旺，交通方便。大樓堅固結實，黛玲的單位保養維修得很好，在屋內完全猜不到它熬過的歲月。黛玲跟屋子打上關係，原來也只不過是十多廿年前的事，能夠為屋子補寫一點點歷史傳奇的，是已經退休的海員父親。

大約是二、三十年前的光景，房子失修破落，主人是獨居的大學教授斯賓・莫拉，他身患末期癌症，需要生活起居照顧。當時，黛玲爸正為家人的住苦惱萬分，而莫拉一位姐妹的丈夫剛好就是黛玲媽的上司。知道莫拉這個處境後，黛玲爸就開始照顧莫拉，為這個老教授張羅生活所需，購買他愛吃的乳酪、魚柳、炸薯條、番石榴和發酵茶等等，有時一天得要為他清潔十多次，黛玲媽有時也會來幫忙，有需要時黛玲爸更要留宿守護。黛玲爸說，垂危的莫拉有一天請求他找來年輕時曾替他和兄弟剪髮的理髮師，為自己修最後一次髮。黛玲爸在市場中找到這個叫任吶的理髮師，任吶記得這位住在煙霧街（Calle Vapor）的教授。當理髮師出現在老教授莫拉跟前時，他非常高興，說：「我現在可以安心走了！」三天後，莫拉與世長辭。

於是，黛玲和媽媽在二〇〇〇年初成為煙霧街這間公寓的新主人。莫拉姐妹在兄弟過世後，跟黛玲爸在律師見證下，把物業轉到黛玲母女名下，只要求保留某些家具作為紀念。最後，黛玲爸一件家具都沒有留下來，一家人花了很大精力，把破舊房子弄得煥然一新。

從海濱長廊進入煙霧街，兩邊都是些破舊失修的樓房。因為是內街，甚少汽車進出，小孩、年輕人在街上嬉戲，自由自在。黛玲家所在的大樓是街上相對完好和有歷史感的。高高的木門，窄窄的樓梯，地板和牆壁的懷舊瓷磚大部分完整結實，只是從各家各戶延伸出來的電線凌空懸盪，有點穿幫。二〇一五年初，大樓底層掛出一塊色彩繽紛的招牌，原來鄰居開始經營冰淇淋買賣的小生意。每當下課時，就會看到穿著校服的學生興奮地圍攏在打開的窗前，挑選他們的心頭好，為恬靜的社區添上幾分熱鬧。

丈夫離開後，黛玲更多時間一個人坐在開放式廚房中抽菸，煙霧籠罩著她滿腦子雜亂的思緒。她不理解丈夫在美國的新生活，自己一句英語都說不來，擔心到美國後如何過日子。既滿腔期望，亦心懷恐懼。黛玲從來沒有想過自己將可能一下子擁有二萬八千外匯披索，這筆錢對她有什麼意義？即便古巴人現在可以買賣房產，但還是有所規範，例如房產價格由政府估值，買賣雙方得根據這個價錢來交易，以防止炒買炒賣。黛玲定的二萬八千售價肯定比政府估價高，因此房屋買賣交易只可以私下安排，但如何合法轉名？如何拿到這筆（嚴格來說是不合法的）

錢？該拿現金？還是由銀行轉賬？如果都提現金的話，如何防範當中有假鈔？不放銀行的話，如何儲存？如何全數帶出古巴？

像大部分古巴人一樣，黛玲不信任古巴政府，從不把錢存進銀行中，生怕政府會用種種藉口不讓提取。算來算去，黛玲希望買家把錢直接存到丈夫在美國的戶口，這是最便捷最簡單的做法。只是，話一說出來，黛玲爸就猛烈反對，就連她早已落籍西班牙的妹妹也連聲說不。都是古巴人，都明白古巴人（尤其是男性）浪漫熱情的品性，誰能說得準丈夫現在有沒有新的戀情？生活有沒有困難？有沒有負債？丈夫是否會因財棄義，反目不相認？丈夫的情況，黛玲真的不甚瞭解，說不準呢。丈夫只分別了三個月的時間、只相隔一個墨西哥灣，卻好像離開了一整個世紀，天南地北。本來似乎已經連成一體的夫妻二人，此刻正活在兩個近在咫尺、卻遙不可及的宇宙中。

徹底的離開……如煙似霧。

Apollo
SE
VENDE

黛玲・如煙似霧

Calle Vapor, entre espada y hospital, Havana Centro

妮達・留下

路過的人，都逃避不了聚在這裡找生活的人的招徠滋擾：「需要計程車嗎？」「想找家好餐廳嗎？」「美女，嫁給我吧！」都是一些為遊客提供小服務或調笑的相遇，就為了多賺一點點外匯，或尋一時的快感。這是舊哈瓦那城區臨海地帶，往裡走就是遊客必到的舊廣場和周圍幾條名勝古蹟街。妮達就住在臨海小公園後方一座大樓中，站在露台上，就可以觀賞這些其實也算溫柔而有創意的古巴生活情趣。

大樓高三層，夾在一列差不多同時期落成、年久失修的老房子中間。妮達一家三口住在二樓，門鈴從缺，訪客要在樓下大喊，主人探頭在露台確認，然後拉動家中連著大門的繩子開門。妮達是大學教授，昆蟲農害專家，經常被邀請到外地交流和授課，參加大大小小學術會議、進進出出古巴。二〇一四年，妮達決定不再到外地長時間工作了，即便這些工作報酬相對豐厚，對改善生活有莫大幫助。大學裡卻有越來越多老師想盡辦法，爭取這些賺取外匯的機會：古巴政府會抽取工作報酬中一個百分比作為稅收，近年百分比降低了，個人收入就更為可觀。然而，妮達最近就拒絕了一個工資高達四千美元的邀請，選擇留在古巴，寧願多花時間在家中跟丈夫和兒子在一起。

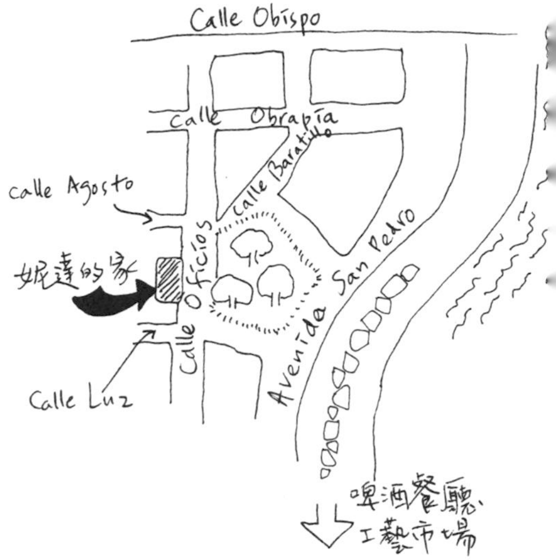

那天，妮達接待一些多年沒有見面的老朋友，從早上開始就在廚房裡團團轉，忙著準備食物：燒全兔、醬油炒飯、炸香蕉、炸豆渣、布丁、鮮搾鳳梨汁等等。妮達的廚房在屋子後頭，面積很大很寬敞，七、八個人在一起洗洗切切，仍然綽綽有餘。一條長長的走廊通往連著露台、向陽的前廳和飯廳。走廊一邊是兩間沒有房門的臥房，另一邊則是長長的天井，陽光充沛。

幾年前，屋子堆滿丈夫莫塔諾和兒子馬策的健身器材，還有丈夫視如珍寶，一盆盆深泥綠色的實驗品：奇妙的肥料 fitomas。一屋子雜亂無章。像其他老區的房子，大樓失修破落，人們沒有能力也找不到物料保養。妮達也曾努力嘗試過維修這棟位置理想、空間寬敞的家，後來因為產權問題一度擱置。最近，產權終於塵埃落定，修復工作重新開始，古舊的西班牙式建築慢慢重現它典雅的風姿。

二〇一五年初，當客人進入妮達的大房子時，眼前一亮。一屋整齊簡樸，前廳長長的飯桌上擺滿妮達漂亮精緻的餐具，襯托著她精心烹調和準備的食物飲料。天井陽光充沛，栽種著多盆植物。冬日午後從海上吹過來的涼風，舒緩了還是有點悶熱的空氣。喝著冰涼的古巴啤酒，莫塔諾和兒子一邊推薦海邊不遠處、新近剛開業的古巴國產生啤酒吧，說絕不能錯過。「真的不錯呢！」有點靦腆的馬策溫柔地說。健身器材和 fitomas 都已經收拾得無影無蹤，但從馬策的身段可以看出鍛鍊的痕跡。

近七十歲的莫達諾精神奕奕，腰板挺直，聲如洪鐘，說起他的 fitomas 肥料更是眉飛色舞——實驗成功了！多年來的心血結出果實，可以正式生產了。一家人性格分明，都執著自己的興趣和專業。妮達一手好廚藝，對著沒有停過的爐火大汗淋漓，當她看到客人和家人饞嘴的樣子時，嘴角綻露著滿足的笑意。看她坐在沙發上啜著飲料，跟親友閒聊時那種滿足和舒泰的感覺，就可以理解這位事業有成的女性今天的追求，可以感受到她對自己的家和家人有多少愛，滿滿的甜甜的。

黃昏的海濱長廊遊人不少。擴建的路段終於完工了，妮達一家子領著客人漫步這段簇新的路面，並興致勃勃地介紹它的歷史和結構。在混凝土路中央一排石塊，原來是在該處海床找到的、來自不同國家的大石，它們述說著不同的文化歷史故事。新的路段建築經年，記得十年前這裡破爛不堪，舊石欄黑黑歪歪斜斜的，叫人卻步。那天黃昏，大家在莫達諾和馬策感到無比自豪的那家古巴生啤酒吧坐下來，忙不迭地讚賞周遭環境和室內設計、富創意的啤酒盛器，當然還有那真不賴的廚藝。

那天，是農曆十一月十五日，月亮從海上升起，很大很圓。

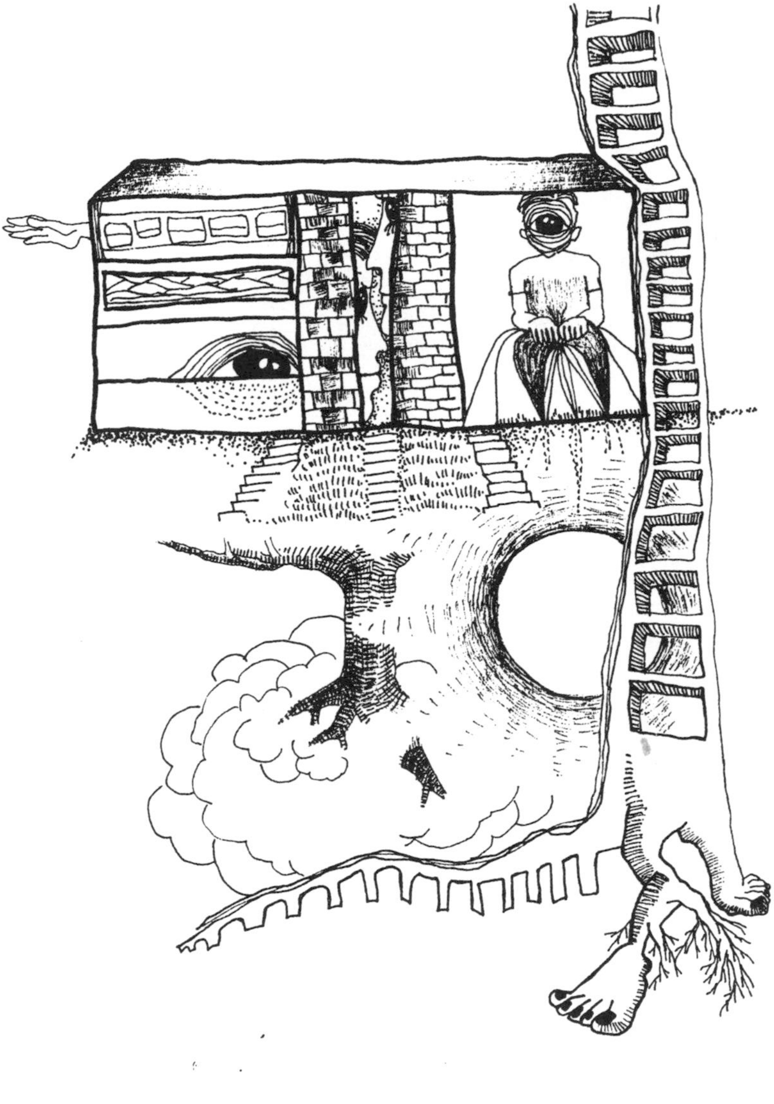

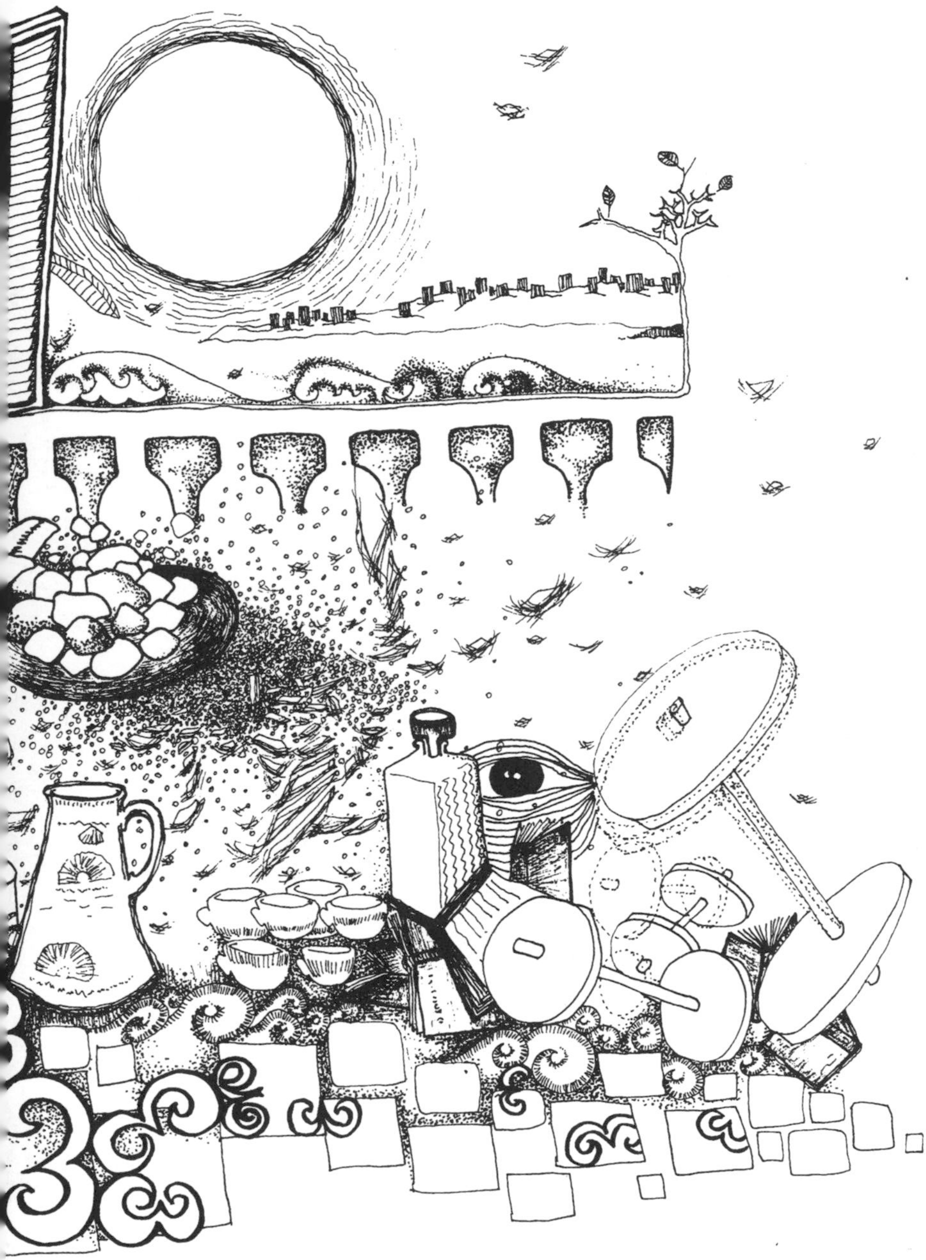

妮達・留下

Calle oficio, entre Luz y Agosto, Havana Vieja

荷西．希望

傍晚七時許，從已經退役的四條大路（Cuatro Caminos）自由市場往哈瓦那舊城區方向走，沿途商店陸陸續續關門，依然破舊的裝潢，但貨品的類別和數量明顯比以前豐足，也多了專門販售進口商品的店鋪。四條大路本來是舊城區中規模最大的自由市場，前身應是車站之類的建築物，也是年久失修，不能再用。市場現在就散布在建築物周圍的街道上，荷西說他所住的希望街（Esperanza）就在附近。

荷西是專業音樂人，所屬樂隊在大小不同場合演出，很多時候是為佛朗明哥舞蹈伴奏。二〇〇六年認識荷西時，他的身分是我的佛朗明哥舞者朋友阿莉莉米的新情人。音樂叫人年輕，當年五十六歲的荷西跟才卅歲的阿莉莉米熱戀，很快就有了愛情結晶。進入音樂時會忘掉一切，心靈滿足。放下吉他，荷西跟一般古巴人一樣，要為現實生活種種困乏煩惱奔波；也像大部分古巴人一樣，荷西總能夠以最大的耐性、最正面的心情，去面對各式各樣的匱乏。

荷西在哈瓦那舊城區的家很小，和阿莉莉米相戀時母親正患上癌症，身體和心情都很反覆，荷西得經常來回老家和阿莉莉米位於城邊看海區的家，照顧抱恙的媽媽和懷孕的情人。每次見到他，倒是一派泰然，畢竟大環境比人強，各人都只能在自己的世界中努力耕耘。那年，為他畫了一張速寫，簡單幾筆，著墨他鼻樑上兩副眼鏡：一副是他那破舊的、一塊鏡片早已破裂的老花眼鏡，另一副是我暫時借他戴上、完好無缺的眼鏡。給畫配了這樣一首詩：

五十六歲的聲音不懂世故／抱擁著三十歲的愛人／想望著還沒出生的夢
鼻樑上架著兩副眼鏡／一塊鏡片破碎了／一塊磨花了／疊上一雙外國製作的
荷西說／我看見了
在義大利十歲的孫子／在美國三十歲的女兒／在哈瓦那還沒有出生的夢
拉著高大的音響吉他／打開永遠年輕的嗓門
荷西說／我看見／咫尺的遠方夢

舊城區希望街的家在二樓，門鈴早壞了，只能從街上大喊，跟阿莉莉米長得幾乎一模一樣的小女孩探頭出來，說荷西正下樓開門。二〇一五年，荷西和阿莉莉米的愛情結晶瑪莉莎已經八歲了，蹦蹦跳跳，總愛纏著客人用母親給她的手機拍照。阿莉莉米二〇一三年中到西班牙參加一個為期三個月的響板課程，從此一去不返。手機成為母女這些年以來溝通的主要途徑，也是瑪莉莎最親密的玩具。

沒有問荷西是什麼時候跟瑪莉莎返回希望街的。這個家確實很小，只有一個大概兩百平方英呎的臥房，和一個小小的、只有一百平方英呎的沒有窗的客廳，以及那只容得下高大的荷西一個人的廚房。阿莉莉米為了讓荷西住到看海區的家，跟父親鬧翻了天，最後還是在那邊加建了一間小浴室，跟父親劃下楚河漢界。而荷西也爭取在希望街的小客廳搭建了一個小閣樓，給阿莉莉米和瑪莉莎住，個子高大的荷西站在這個有兩層間隔的客廳，倍覺侷促。

二〇一五年，荷西跟八、九年前差不多，精神充沛，一點都不像曾經大病一場、死裡逃生，而且還正在掙扎著這一段太真實卻又摸不著頭緒的夫妻感情關係泥沼中。過去一段日子，阿莉莉米留在西班牙學習和工作，夫妻靠書信互通，字裡行間愛意濃綿。荷西想和阿莉莉米在西班牙團聚，意外地，阿莉莉米一口拒絕；而與此同時，荷西在義大利的女兒在臉書中發現一張阿莉莉米與一位男士的合照。不久前，荷西收到妻子另一封信，很清楚地說明自己在男女關係和性方面的需要——她正跟一個男子在一起，生活得很快樂，希望在西班牙尋找她生命的目的。此刻，她不能離開西班牙，否則，一切成空。此刻，她不願意返回古巴，就像所有初次離家看世界的孩子，被新事物、新經驗、新的可能性吸引著，不能自已。

讀著這封信，荷西感到被遺棄，精神緊張，瀕臨崩潰。然後，前列腺癌也越來越壞，生命似乎一塌糊塗。有一回，荷西暈倒街頭被一個陌生人救回，健康奇蹟般地慢慢改善，而且感覺

荷西・希望

Calle Esperanza, entre San Nicolas y Anton Recio, Havana Vieja

一天比一天好。他現在依然虛弱，肺虛，不能供氧滿足全身的需要，膝蓋無力，但他精神上卻異常高漲。

「生命是一個奇蹟。」六十多歲的荷西的經歷或多或少是其中一個版本。差不多死過去，不知道如何又活回來。他曾經也離開過，有一年以為自己被邀請到歐洲演出音樂，沒想到卻是去當散工，半年後返回古巴。但荷西跟音樂已結下不解之緣，從激情濃烈的佛朗明哥旋律到當下的天主教歌曲。因為要照顧瑪莉莎，荷西不再參加晚間的演出，新機會找上門，他轉而創作宗教音樂，樂在其中。生命中三段浪漫關係，給他帶來三個女兒，分散各地，現在跟小女兒回到希望街的老家，過著最簡單最樸實的日子。他說，現在還有女子對他有意呢。

只是，感情豐富的荷西說自己在這段艱難日子裡，一直哭不出來。「這兩年來我沒有哭過，無論多困難，多痛苦，都沒有流過一滴眼淚。」猜不透他背後要說的話。很快，他從電腦中找出阿莉莉米二〇一四年中從西班牙傳過來的照片。「我想，阿莉莉米碰到一點困難，希望她可以找到解決的方法。」說著，老花鏡片後的雙眼，閃著淚光。

教授·家的宮殿

鐵欄後的狗群狂吠，一如既往，外來人只要往這條小巷弄探頭，狗群就會狂吠，以彰顯牠們的主權。小巷弄通往緊貼在跟卅一a大宅背對背的卅三街大屋的後門，也是卅一a大宅側門的入口。狗群應該已經換了一批，住在大宅側門一角的教授一家，亦人事全非。

我們稱呼一家之主的老人家為「教授」（Maestro）。二〇〇五年認識他時，經常聽他講述當年在安哥拉作戰的見聞，從個人親身經歷到國家民族的恩怨糾纏，不同主義間的角力鬥爭等等，他如數家珍，我們聽得津津有味。教授身材清癯，總是面帶微笑、聲音輕柔溫婉，無法想像他身穿軍服揹著機槍彈藥、在硝煙瓦礫中殺戮的模樣。老人家很忙，除了當夜間警衛的正職外，日間還在家裡接做木窗簾的生意，並不時騎著老舊蘇聯製單車，瀟灑伶俐地穿梭大街小巷，為一家人張羅生活中的大小瑣細事。

當年我經常造訪教授家，有時是借一些日用品，有時是送來一些食品或小禮物。有一段時候，是因為跟教授的大女兒阿莉莉米學習西班牙語。教授一家四口，大女兒阿莉莉米是佛朗明哥舞者，熱愛她的職業；小女兒蕒則有先天障礙，已經廿歲了，智商卻只是五、六歲左右。那些年，教授的太太瑪達在家全職照顧賁，一家人對之愛護有加。瑪達熱情開朗，是家中的天使，總愛甜絲絲的在我們面前親暱地稱教授為「小王子」，四口子相親相愛、互相照顧。對篤信天主教的教授和瑪達夫婦而言，家最重要。

只四百來平方呎的家，上下兩層，上層連著大宅的天井，格局有點古怪，該是創意地把大宅分家的結果。阿莉莉米帶著六歲女兒班妮洛比住在下層或許本來是客廳的居室，教授和瑪達夫婦跟賁住上層，廚房搬到下層，洗手間設在上層，擠了一點，但一家子和諧共處。二〇〇六年阿莉莉米認識了荷西，不久還生下瑪莉莎。為了更好地互相照顧，荷西想搬來跟阿莉莉米和瑪莉莎同住。為此，阿莉莉米跟父親吵翻天，關係跌至谷底。阿莉莉米像父親一樣，有自己的想法，有自己的追求，有自己的堅持。

「她要在這裡建立她的皇宮。不行！這是我的皇宮，不是她的。如果她要皇宮，那她就要在其他地方建了！你想要什麼，就自己努力爭取，不能跟別人要。」二〇一五年初，教授講起當年跟女兒的陳年往事，語氣中還是有遮掩不了的怒氣。老人家比以前胖了一點，視力有點模糊，過午的微風飄來陣陣酒氣。他把天井改裝成廚房和工作室，做木窗簾的車床和工具齊全，頗具規模；下層則多了一個小廁所連浴室，其他空間跟十年前分別不大。只是，現在教授的皇宮，只有他自己一個人。

居住空間是古巴人的頭號難題，特別在首都哈瓦那。阿莉莉米幾年前，成功在父親的宮殿裡建起自己的天地：在下層一角加添了小洗手間和淋浴間，如是，就劃出阿莉莉米一家人完整的疆域，終於可以跟荷西和女兒們生活在同一屋簷下了。只是，父女關係因此鬧得很惡劣。三年前母親瑪達心臟病發，因併發肺積水猝然辭世。二〇一四年初，阿莉莉米前往西班牙參加一個為期三個月的佛朗明哥舞響板課程，之後，非法留下在一個小鎮照顧老人，決定從此不再返回古巴。荷西不久發覺自己染上前列腺癌，經過一番治療後正在慢慢康復，年中和女兒瑪莉莎搬到母親過世後留下，在哈瓦那舊城區的小公寓開展新生活，大女兒班妮洛比則回生父家住。兩個小孫女週末都會來看望外祖父，而蕒則大部分時間留在特殊療養院，一個月回家數天。

給蕒和教授買了兩罐外國進口的鮪魚肉，希望加添一點生活的色彩和味道。教授不知道從哪裡拿出一個黑乎乎的小鐵罐，興奮地講述它的歷史。「這也是鮪魚肉，蘇聯產的，該有三、四十年歷史了，是瑪達買的，不貴。」小罐頭銹蝕得厲害，卻還可以讀到Lomo這個牌子，它該已經成為教授心愛的菸灰缸了。我們談蕒，談瑪達，當然也談阿莉莉米。「想念她嗎？」「想。」淡淡的，但毫無保留。「我們習慣坐在一起聊天。很簡單。很享受。但她走了歪路！家是天主教徒的一切，家人應該生活在一起。她有兩個女兒啊。」教授說：「但我無能為力，這是她的選擇。」

教授・家的宮殿

Miramar, Havana

二〇一四年中在香港與遠在西班牙的阿莉莉米通電話，即便她過期居留、工作違法、沒有發展舞蹈的機會，但西班牙還是給她希望，是她可以造夢的地方。「為什麼阿莉莉米要走？我不知道，也不會明白。我們做窗簾，一齊合力動手。她覺得古巴的情況很差。但這不合理啊，我們想要什麼，就要朝那個方向努力去做呀，不能跟別人要呀。」教授也許真的不會明白。阿莉莉米一直很努力，跳舞、教小孩跳舞、演出等等，起起落落進展不大。她身上有很多角色責任，女兒、妹妹、父親、情人等等，是情感上的也是實際生活上的。古巴生活讓她疲累，有時，更有窒息的感覺。也許，她在西班牙找到一個全新的存活空間，一個再造夢的氛圍和感覺，可以無束縛地建構自己的宮殿。

教授說有時也覺疲累。「我家裡永遠有聖經。這本是瑪達的。我不相信聖經和上帝，我相信革命。世界由物質構成，不是什麼造物主創造的。阿莉莉米就在下層建了個浴室……嗨，相片中這兩個女孩是蕢和瑪達呀！」教授調皮又興奮地指著牆上一張黑白照片說。相片中的瑪達很年輕，看起來跟蕢差不多年齡，兩人都穿著連身白色長裙，手中拿著花毬，像一對姐妹。「照片是拼合而成的。不是真拍的啊。好看嗎？！蕢現在有時還是會喊叫媽媽瑪達的。」教授說自己老了。他這個家，就是他的宮殿。

二〇一五年，蕢在特殊療養院中突然離世，阿莉莉米一直留在西班牙。教授的皇宮只有他一個人。

米娜．祖母，我愛你

二〇一四年十二月，六十七歲的米娜左膝蓋手術後臥床第十個月。左膝蓋依然異常腫脹，社區護理員定期到家裡來為她換藥和做物理治療，家庭傭工杜杜閒下來時，也會到床前為她按摩和聊天。丈夫丹力諾沒有工程時，都會陪伴在側。電話在床頭小茶几上，方便米娜跟其他人聯繫。一直開著的大型電視對著臥床，忠誠地陪伴著主人。

電視座櫃中，是一個自動翻動照片的相框，吸引目光。米娜說那些照片是五年前夫妻倆到美國探親時拍的。照片一張張流轉，不會停下來，就像腦子裡的思緒。座櫃旁是放滿照片的大圓茶几，都是家人的照片，女兒的孫子的、不同的地方不同的年代。臥床右側櫃門貼滿孫子從美國寄來充滿童趣的信件和圖畫，寫著「Abuela, T'amo」（祖母，我愛你。）

丹力諾早年曾參軍支援安哥拉與剛果革命戰爭，米娜是大學教師。兩個女兒先後移民美國。

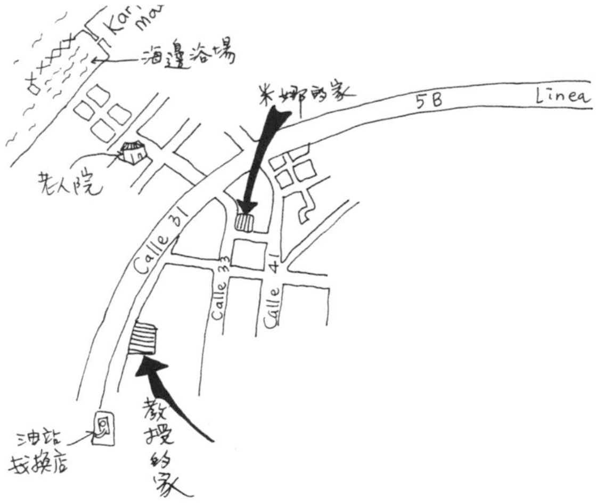

米娜熱切地展示孫子剛在美國拍的畢業照，臉上心裡都是甜滋滋的。溫柔的米娜，現在講話更輕聲了，握著你的手，軟軟的，就是不放。也許是長期臥床的結果吧，眼神中有一抹憂傷。

十多年前，大女兒因一個抽獎遊戲，得以移民到邁阿密去。「能夠改善經濟和生活好重要。」米娜說。米娜擁有西班牙護照，可以隨時往返美國，但夫妻倆是老一輩的革命派，不喜歡美國。過去十多年，三代人就以網際網路聊天。米娜說當年還只有四歲的孫子對她說：「祖母，今晚我好想回古巴，這裡的床不是我的床，我的床在古巴。」米娜說這應該是父母教他說的。我們明白米娜想表達的是，儘管女兒生活很好，但心底還是認同古巴，或者她深知父母親仍然以身為古巴人為榮。兩年前，二女兒也帶著兒子移民到美國去了。

二〇〇五年第二次到古巴時，有幸住進米娜和丹力諾位於看海區的大宅。這是一幢名符其實的大宅：樓高三層，由一道大理石迴旋樓梯連接。夫妻倆和米娜的二女兒母子住第三層，米娜的阿姨和丹力諾的弟弟住二樓，底層是車庫，旁邊該是傭工的小房間，一直以來都出租給外國留學生。二樓和三樓面朝著栽種了多款果樹的開闊花園。我租住三樓一間套房，推開窗戶，伸手可以採摘比拳頭大的酪梨，眺望隔壁法國領事的官邸。香港朋友那年夏天相約旅遊古巴時，我們經常在那雅致清幽的花園享受悠閒早餐。退休金不足支付日常開支，女兒也沒有再寄錢幫忙貼補家計，出租房間因此是夫妻倆一個很穩定和重要的生計。

米娜・祖母，我愛你

Mirama, Havana

十年後，大宅別來無恙。缺了二女兒和孫子，房子明顯比以前空寂。阿姨幾年前去世了。底層小房間住著一個勤奮的留學生，米娜考慮他經濟困難，房租比十年前還要便宜。七十多歲的丹力諾比以前忙碌，由於古巴政府已容許較多私人經濟活動，樓房裝修活增加了不少，他正在趕一項規模龐大的政府工程，經常要往城中跑。那天，碰上他借出二樓大廳給鄰居音樂家舉辦小型音樂會，招待一批美國遊客，為大宅帶來一陣久違的熱鬧人氣和溫馨暖意。

音樂聲傳遍整座大宅，三樓米娜房間的門常開著。握著米娜的手躺在她身邊聊天，才發覺房間一個角落安放著西班牙聖女卡門的神龕，牆上是大大小小的玫瑰念珠。床側上方掛著一個頗大的北美洲捕夢掛飾（dream catcher），掛飾中央是一個西班牙地形的金屬片，傳說捕夢掛飾能捕捉人們夢中的悲傷和痛苦，待翌日太陽一出，悲傷和痛苦就會化作青煙，四散灰滅。

米娜細數孫子在美國卓越的學業成績、女兒兩家大小的情況，並反覆追問各人近況。生活，在一個個遠方故事中得到慰藉。

崗查．革命家族

從哈瓦那市中心最寬敞的綠茵大道 Paseo 轉入十五街，離街角那不起眼的英國領事館走不了幾步，就是崗查家。一棟三層高的堅實樓房，崗查家在二樓，四個帶窗房間在一旁排開，後廳連著廚房，前廳朝向臨街的小陽台，四面環窗交通方便。這個社區以前是高級住宅區，環境幽雅，鬧中取靜。

二〇一五年初，已屆八十五歲的崗查較以前清瘦了，呼吸比較短促，話說不了幾句就累，不久前意外跌倒，動過腿部手術，要用助行器才可以活動。但她那雙閃著銳利光芒的眼睛，好像能直透你的心底。差不多六十歲的女兒芭芭拉決定提前退休，留在家裡全職照顧母親和廿二歲即將醫科畢業的小兒子奧蘭度。近四十歲的兄長法蘭度和奧蘭度同母異父，他最近搬到女友家住，房間保留著，大屋子有點空蕩。

快十年了，大樓一點都沒有改變，外牆黑灰黑灰的，樓梯還是這裡脫一塊那裡掉一片。崗查家別來無恙，二〇〇六年翻新的天花板及門窗等保養得很好，家具用品都似乎要跟時間開玩笑，堅持停留在差不多八年前的模樣，只是院子裡總是傳來震耳的音樂聲。隔壁不知道什麼時候開了一家餐廳，音樂可能是招徠客人用的，崗查家免費享用，只是沒有開關和選曲的自由。

芭芭拉一點都沒有變，風趣如昔，尤其是黑色幽默，經常逗得所有人笑得前仰後翻、笑出眼淚。她是一家航空公司的經濟學專家，有機會到世界不同地方做培訓工作，對於提早離開優越的差事沒有半點怨言。「母親需要照顧，奧蘭度這孩子功課也忙，要給他打點生活瑣事，讓他安心念書。」芭芭拉說。奧蘭度已經從一個小孩變成高大壯碩的年輕準醫生，他選擇在急診室工作，也會像很多古巴醫務人員一樣，畢業後參與國外不同的醫療支援任務，救病扶危。

芭芭拉總愛說兩個兒子就是她的「生命工程」。言語間，深深感受到她為這兩個好兒子感到自豪。大兒子法蘭度的父親是阿根廷人，父母離異後一直跟母親和外祖母生活。他是大學數學教授，業餘戀上拋球雜耍，現在是獨當一面頗受歡迎的拋球藝人，在不同地方演出，還經常被邀上電視表演。自從舅舅米格爾在八〇年代末、九〇年代初出走美國後，當年才廿出頭的法蘭度就成為一家之（男）主，長餐桌一頭是崗查，另一頭是他的專座。年輕人溫文爾雅，身邊總不缺漂亮的女朋友。記得二〇〇六年他剛從德國回來，應該是跟出走德國的女朋友分手了，不久，認識他新交的嬌小女朋友，親親密密，後來她去紐約定居，法蘭度留在古巴。如是，法蘭度至少有兩段愛情，都因為情人出國而告終。

沒有機會問法蘭度為什麼跟女朋友們分手，是感情？還是他不願意出國？或其他原因？知道的是，崗查和芭芭拉都非常反對人們離開古巴。當年米格爾循非法途徑跑到紐約，崗查和芭芭拉都很傷心。崗查是五〇年代古巴屈指可數的執業女牙醫，曾經到過美國交流，但仍忠於社會主義理想：「我們的酒，儘管是酸酒，也是我們的酒。這裡的生活無論多艱難，也是我們的國家，我們的理想所在。」芭芭拉亦不贊成弟弟出走美國的決定。在她兩項「生命工程」身上，出國肯定不會是一項選擇。

然而面對赤裸的生活現實，出走美國的米格爾無疑像久旱的甘霖。二〇〇六年底，米格爾帶著新婚妻子回哈瓦那探訪家人，一家人歡歡喜喜絕口不談政治話題。這些年來，米格爾不時給媽媽姐姐買一些例如肥皂、凍雞、刮鬍刀等日用品，也從美國寄來家裡需要的外匯，用來修房買洗衣機等，解決不少現實生活的問題。但即便有錢，當年修房子還是因為買不到物料，工程一拖再拖。忠於社會主義、原則性很強的崗查，最後還是逼得循黑市買進了市面上極缺的混凝土。道德操守極強的一家，這幾十年就是如此在現實與理想間拉扯、生活。

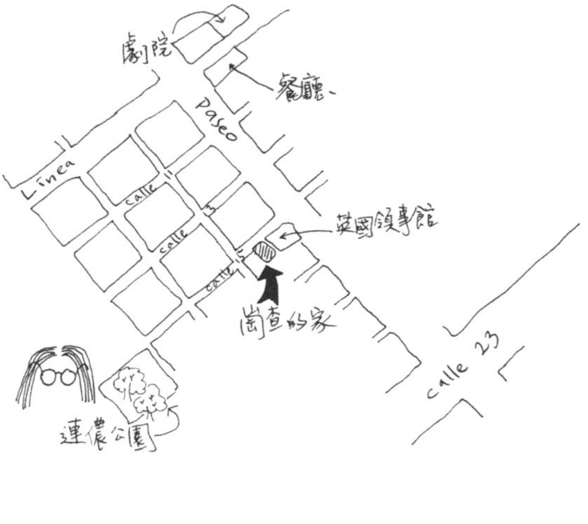

二〇一五年，米格爾繼續給古巴家人寄來外匯，這是他們——大學教授法蘭度，退休航空

崗查・革命家族

15 y Paseo, Havana Centro

公司高層芭芭拉，牙醫崗查，加上準醫生奧蘭度四人——重要的生活補助。廚房的水龍頭壞了，煮飯洗菜都得在後頭的洗衣盆中完成，打開冰箱就可以具體領略古巴人物資短缺的實況，崗查家那天就只有兩瓶大瓶裝可樂、國產番石榴果醬條招待客人。古美關係正常化正式進入兩國的議程後，很多人都希望經濟會改善。芭芭拉卻不無擔憂，「對，經濟發展會不一樣。但轉變會很慢，很慢。我們什麼都沒有了，還怕什麼？」她的黑色幽默又來了。「我們深知我們擁有什麼。」芭芭拉一邊緊握拳頭，一邊用力踏地，似乎在說：古巴這幾十年的努力成果，深植在土地中，在人們的血液中，不可以輕易拿走。很想知道崗查的想法，睿智的老人家睜著她閃亮的眼睛說：「我們談別的事情吧！」

奧斯卡．城中的後花園

座落哈瓦那中心新區（Vedado）的這間老房子不知道有多長的歷史。街角是第五街優美的公園，即便沒有太多修葺保養，還是可以想像當年這公園的氣派。房子擠在D和E街中間，樓高兩層，保持著原石塊和混凝土的暗灰色，毫不顯眼，但穩妥堅實。前方靠路邊是一個小小花園，透過疏落的花叢，可以看到昏暗的前庭。拉開鐵圍欄的小門大喊幾聲「hola」，過了好一會兒，奧斯卡的媽媽才打開高高的大門，探頭出來回應。

這就是傳說中坐在大型橡膠車胎出海捕魚的奧斯卡的家了。穿過小花園進入清涼的騎樓底，兩隻小狗在大屋門口狂叫，對陌生人毫不客氣。外面陽光普照，但偌大的房子還是顯得昏暗，而且從大門口的前庭往裡看，深不見底。心裡一直疑惑，為什麼奧斯卡一家這麼幸運，能住在這樣好的地區？這麼大的房子？

「革命勝利後，舅舅被分配到這棟房子，他是一家旅遊機構的老闆，後來在飛機意外中過世。我們一家因為種種需要，陸陸續續從農村搬到哈瓦那來尋找機會，父母親和家人就這樣住進來了。當年我才十五歲。」媽媽今年六十八歲，四十二歲的小兒子奧斯卡和現居墨西哥的大兒子都在這屋子出生長大。沿著走廊往裡走，左方有四間房，右邊則是天井和後花園。可以想像當年住滿人的熱鬧境況。媽媽說人丁最鼎盛時，大屋子住了三家十八個人。

安靜的週日下午，媽媽一個人在偌大的屋子裡。兩個大前廳像沉睡已久的老人，瀰漫著絲絲濃郁深邃的氣息。一大一小的玻璃櫥櫃裡，擺放著漂亮的水晶茶具和酒杯。媽媽說屋子有很多名貴銀器如咖啡壺、糖盒、盤子等等，「一個銀盤子底下刻了『給尊貴的 Don Gabriel Suares Solar』這些字樣，他應該就是這大屋的主人，當年是古巴駐巴拿馬大使呢。」兩張完好的縫衣車安靜地站在堆著塵封古舊家具的角落裡，應該還可以使用，想像當年它們如何受寵。革命後，就像大部分市中心的房子一樣，這座大宅成為學生學習的場所。年輕女子們在這裡學習裁縫，媽媽學得好，不久成為縫紉老師。六〇年代，她曾經在一家製衣工廠工作了五、六年。

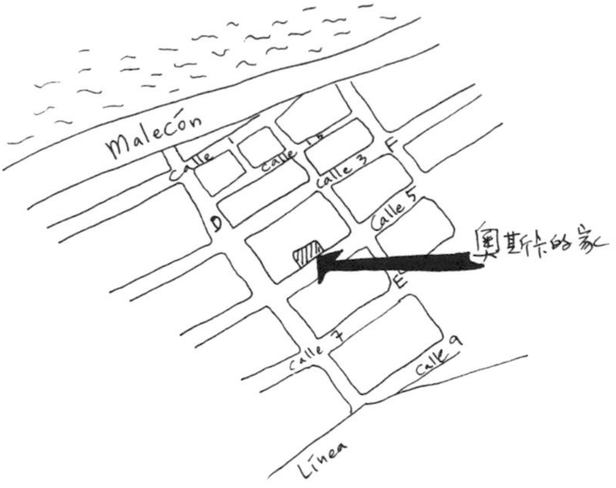

奧斯卡的父親是一名船長。也許，奧斯卡身體中就有著與海洋不可分割的基因。這個操流利英語、不斷努力學習中文、喜歡當漁夫的青年，愛上在碧波蕩漾、自主自由跟大海共存的生活。大廳靠牆的玻璃櫃頂放著一艘精緻的模型象牙帆船，該是來自五〇、六〇年代的製品。在革命後這五十多年，船是遙

遠也切身的象徵：夢想，離開。

大兒子選擇離開，因為萬物匱乏，在九五年生活極度艱難的特殊時期，那時的他才廿多歲，跑到美國，墨西哥裔老闆視他如家人，帶他回墨西哥。母子從此分隔兩地。她問兒子為什麼出走？為什麼離開古巴？在一次通話中，大兒子哭著說：「媽媽，我很想你，很想你們喲！」她心裡明白，大兒子活得不容易，日夜辛苦工作供養著家裡三個小孩，再沒有什麼餘錢周轉。如是，廿年來也沒有返回古巴探望親人。

不像那些有親朋在外，定期會收到外匯幫忙貼補家計的家庭，大宅除了簇新的大冰箱和洗衣機外，一櫈一凳都訴說著歲月的痕跡。屋子太大了，需要很多資源去維修保養，屋裡的人，一個個長大、老去、離開。現在，這裡就只住了媽媽、奧斯卡和舅舅三個人。媽媽和舅舅退休金微薄，奧斯卡沒有正式工作，靠在夏天打打漁，或者幹一些零散工如翻譯等工作生活。近年透過朋友介紹，奧斯卡接待了較多外國訪客，儲了點外匯，為母親添置兩件最受古巴家庭歡迎、最貼心的家用電器：冰箱和洗衣機。中國產的海爾（Haier）米白色冰箱放在前身是廚房現為飯廳的一角，在古舊的家具中顯得特別亮白，為大宅中央這一小小空間添加了生氣。

喜歡看書、出海的奧斯卡討厭每天上班下班的規律工作，不願意在別人的期望和壓力下生活，他希望繼續進修中文，在另一種文字中發掘另一個宇宙，就像他愛在無邊無際的海上自由呼吸他的夢想一樣。四十多歲的他沒有想過離開古巴。也許，是古巴人面對困乏現實的生活那種隨緣的態度和哲學，再加上如此寬敞、歷史這麼久遠的房子，以及近在咫尺的海洋，已經夠奧斯卡隨意和自由地進出不同的國度了。

在餐桌聊了半天，媽媽興致勃勃地引領我們參觀大宅的後花園——奧斯卡舅舅的王國。這次歡迎我們的是同樣充滿主人家氣派的雞隻，不同顏色、大大小小自顧自地在各式各樣的植物間活動。媽媽抱起一隻頭頂羽毛像傘般的白色母雞，興奮地為我們介紹牠們趣怪的特點，笑得合不攏嘴。後院栽種著各式植物盆景，密密麻麻自然成蔭。雞群領著我們沿著窄窄的石路走，途中探訪住在籠子中的兔兒，然後看望院子開豁的後方，在柵欄後生活的鴨子和白鴿群。

奧斯卡愛講述舅舅這個後花園，傳說這下子活現眼前：那一身羽毛飛揚色彩鮮麗的公鷄，那些能聽懂舅舅呼叫的白鴿……小小的後院，有點擠、有點吵、有點亂，但很熱鬧、很多元、很有生命力。舅舅是生物老師也是植物學家，後院這些動物和植物就像媽媽和奧斯卡，是他的家人，一起生活，不會離開。

奧斯卡・城中的後花園

5ta, entre D y E, Vedado, Havana

茱莉・昨天，今天，明天

茱莉的昨天、今天和明天都離不開彼得。彼得全名是彼得・古亞那・安伽達，在茱莉十五歲時，兩個生命體就連在一起。茱莉的弟弟，當時才四歲的艾德華被母親蘿莎委以重任，負責盯著茱莉和彼得，守護年輕茱莉的貞操。

古巴習俗，父母都會為年滿十五歲的孩子舉行隆重的成人禮：信奉天主教的到教堂舉行儀式，搞一個熱鬧的家庭聚會，穿上一套簇新漂亮的衣服，拍一張無敵青春的照片。茱莉十五歲成年禮的黑白照，煥發著生命的躍動，大眼睛閃爍著自信和力量。艾德華頗長時間都擔負著守護姊姊茱莉的任務，在二〇一五年已經五十七歲的他還記得半個世紀以前，彼得如何絞盡腦汁創新點子去分散他的注意，想方設法親親茱莉。

艾德華不負母親所託，茱莉和彼得是在正式舉行婚禮結為夫妻的兩年後，才開始陸續生養三個孩子，大女兒奧達莉、二兒子彼得和三兒子艾斐。母親蘿莎一直不希望能幹的茱莉太沉溺於家庭和生育，被兒女和家累纏絆，不能發展自己的才華。事實上，茱莉心中一個永遠解不開的結，就是抱怨雙親都忙於工作，把照顧弟弟的任務交給她，以致她不能有更多更好的教育機會，不能參加革命，不能走到叢林中接受革命軍的訓練，為國家的事業盡一分力。

二〇一五年，住在離哈瓦那七十公里外一個叫「明天」（Mañana）社區的茱莉，早已跟丈夫彼得分手，同住的是二兒子彼得夫婦和大女兒的兒子，已經十八歲成年的外孫阿力。阿力原先住在三舅艾斐的房間，最近二舅彼得的女兒懷孕搬回外婆家待產，阿力只得讓出艾斐舅舅的房間跟外婆茱莉同床。茱莉沒有得到母親的真傳，好好派出監視員看守春情煥發的兒女們。大女兒像她一樣，愛跳愛笑，是一個能幹開朗的女子，很年輕就談戀愛懷孕，照顧家庭孩子和工作忙不開來，之後兩度結婚，育有三個孩子。二兒子彼得像父親，是個可愛殷實的家庭型情人，十六歲就讓同齡女孩當上媽媽，育有兩個私生女，私生長女已經兩度當上母親。彼得四十多歲，身邊有個他鍾愛的妻子，卻還是到處留情，二〇一五年初再度成為祕密父親，新情人為他生下一個兒子。倒是三子艾斐的男女關係俐落，同一時間身邊只有一個愛人，絕不拖泥帶水，至今還是選擇享受兩人世界的甜蜜日子。

丈夫彼得當年移情別戀，在茱莉心中插下一根永遠拔不走的刺。她稱彼得為「先人」，對她來說，當年那個彼得已經過世了。二兒子彼得成為位於明天社區這個家的男當家。生活在新家庭的老彼得跟自己和茱莉的兒女們，仍然關係良好，近年更頻頻到訪位在明天社區的這個家，還是這邊親一點，他跟新妻子的兒子關係不好。而且，茱莉把家打理得井井有條，勤快愛花的茱莉在前院小草坪種上色彩斑斕的花卉植物，屋旁則栽種了一個小小的香蕉林，雅緻舒適，到處是愛心的痕跡。二〇一六年元旦在明天社區的家庭派對中，老彼得全程坐鎮，裡裡外外忙碌地招呼親朋，儼似一家之主。茱莉也自在自然地差使大小彼得幹這幹那，興致高昂，大家享受著那不言而喻的親暱愉悅。移居另一個家後，老彼得一直沒有放棄他作為明天社區屋主的這個身分。茱莉心中那根刺，也因為這個緣故插得更牢固。

古巴房屋奇缺，居住問題是頭號難題，民間不成文的約定是兒女們想當然爾繼承父母的房產。如是，茱莉和弟弟艾德華共同擁有母親蘿莎和父親老艾德華毗鄰工人社區聖米格爾的小公寓。而茱莉三個子女則將會繼承明天社區的優雅獨立平房。老人家一般在家裡終老，願意悉心照顧老人的，也順理成章成為下任屋主。老艾德華過世快十年了，艾德華六年前移居香港，快六十八歲的茱莉一個人看守著兩年前患上老年癡呆症的蘿莎，兒子彼得有時過來幫忙。

這陣子，茱莉來回奔波在明天社區、聖米格爾兩個家之間。聖米格爾小公寓破舊失修，每天大小瑣事叫人身心勞累。蘿莎越來越像個小孩，餓了就吃、睏了就睡，精神好的時候喜歡往街上跑，大部分時間坐在椅子上沉醉在她的祕密世界中。茱莉雙手機械地忙碌著，看著年輕時如自己一般幹練的母親，腦袋想著她在明天社區的家。想：自己該是在明天那個家終老哪……想：是彼得……不，該是大女兒奧達莉照顧自己嗎……想：奧達莉可以繼承聖米格爾哦……然後，懂事的孫子阿力會照顧母親奧達莉，那就一起住到聖米格爾來好了……想：最複雜的彼得和最俐落的艾斐就住在明天吧……想：明天的院子可以加建一個房間，屋頂也可以多加一層，那就能容得下子子孫孫了……想：明天就跟彼得商量一下明天的事好了……

茱莉・昨天，今天，明天

Calle Sur, Reparto, Mañana

阿力．安全時光

阿力皮膚黝黑，笑起來，牙齒特別明亮。當他一身白色衫褲、頭頂著白帽時，那強烈的黑白落差甚是耀眼。也因為膚色像黑濃咖啡、身材高大健碩，四十二歲的阿力看起來宛如才剛卅出頭的運動員。看著這麼一個大男孩，抱著牙牙學語的小兒子，拖著已經十歲的小女兒，在住所進進出出，倒有滿滿的溫暖幸福感覺。

阿力一家五口住在城郊新區樓高四層的建築物二樓一間公寓中，一層十戶，每家面積平均大概只有六百平方呎，一式設計，包括兩間臥房、客廳、廚房、廁所和一個小天井。阿力媽媽一個人住在靠近走廊的房間內，也見寬敞；阿力四口子則住在靠裡的一間，除了一張雙人床和嬰兒床外，還放置了一台電腦和小工作枱，確實擠了一點。狹長的客廳則放了一張雙人沙發，一部古巴人不能或缺的電視，窄長的飯桌，還有一台鋼琴和阿力另一個剛好夠容納一個人的工作間。明白為什麼阿力很多時候都站在門前的走廊看街，也明白為什麼阿力喜歡串門子、閒來就在鄰居家聊個天南地北。他需要一個更廣闊的天地。

阿力門前走廊的欄杆邊往外伸吊著一塊醒目而簡潔的招牌：拿蘭奧——匙鎖匠。像這樣一個商號招牌在古巴很少見，尤其是在家中經營的小買賣，因為左鄰右里都早已認識，又或者因資源短缺也沒有太大的競爭，根本用不著張羅這樣子的招牌。如是，每次抬頭看見這個驕傲伸展的小木牌，有時旁邊還站著沉著而自在的阿力時，身體中總會隱隱地湧起一股無以名狀的力量，腦海中也回響著他那套「安全意識」的理論。

該是家給他這份力量和想法。在社區出生成長的阿力被公認是一個典型的家庭男子，妻子安娜麗莎和他青梅竹馬，自小就互相確認是終身伴侶，兩口子在二〇一四年時已經是共同生活了十多年的「老夫老妻」。阿力也是一個典型的靈活變通不斷自學的人，中學畢業後因哮喘不能繼續學業，於是，小伙子一面工作一面繼續進修，修讀電工和電器維修，後來一位朋友教會他電腦。廿年前因緣際會，阿力開始當起自僱人士，租下一個小小店面，出售諸如油漆等各式物品，也嘗試提供不同的電器維修服務。

過去十幾二十年，私營企業的政策收收放放，曾幾何時，小店被迫關門。「聖人（作者注：古巴非洲原始宗教中，每個人都有其所屬的守護聖人）叫我在家門前掛個牌，在家開業。」阿力說。他覺得聖人這個指示有點瘋狂，但聖人的話不好違背，於是大概十五年前，他開始跟友人學習從事匙鎖生意，一年後在朋友的小屋前開業；這時，政府亦容許私營匙鎖服務。如是，阿力有了兩個經營點，新區老家一直掛著「拿蘭奧——匙鎖匠」這個招牌。二〇一〇年，法律提供更多私營空間；二〇一四年底，阿力雇用了三個員工，希望可以很快開第三家店。目前就

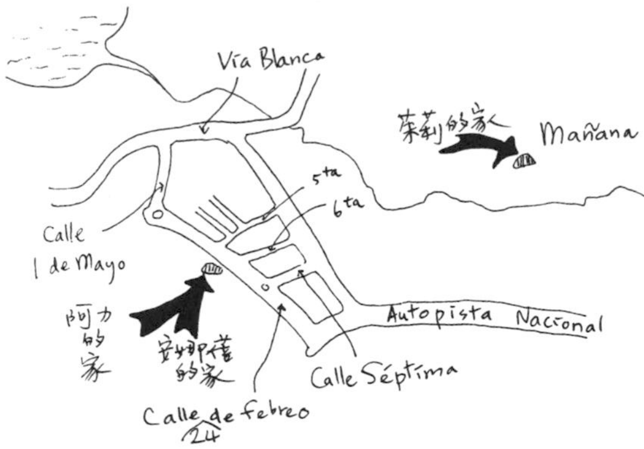

缺二、三百美元左右的資金，購買一部電腦化製匙機器。

「在古巴，所謂合法與否是一個問題。年輕時，我們不能賣東西。今天，只要你不賣太多東西、不賣進口貨，警察就不會找你麻煩。二〇一二年的生意是足夠的，只要努力工作，就可以賺到錢買吃的買穿的。二〇一三和二〇一四年則比較困難，因為歐洲經濟不好。但我很幸運，總可以站起來，家人幫了我很大忙。我知道政策常變，所以在不同的地方開店，總得為自己準備一條後路。現在生意有點靜，困難還是不少，但還是可以，一步一步來。很多人來找我做事，如果有更好的工具就可以做快一點，有更多自己的時間。」阿力夢想在社區中有一個交流訊息和知識的地方，辦一些教育活動，例如網頁，介紹可以追溯到遠古有關安全的歷史。「拿蘭奧——匙鎖匠」有一個很專業的企業幻燈片介紹，清楚有序地介紹公司的目標和服務類別，一點都不含糊。毫無疑問，阿力對事業有遠景亦有策略。

二〇一四年，越來越多古巴人離開家園，到他方建立新生活。妻子安娜麗莎過去幾年曾經去過義大利和委內瑞拉交流和工作，二〇一四年底剛從委內瑞拉回來。阿力說，如果有機會，他也想到外地去開開眼界，「訊息和學習人家如何經營很重要。」但他強調，他家在古巴，這裡有他鍾愛的人和自然，是情之所繫：「我愛這裡的氣候，愛這裡的棕櫚樹，愛這裡的藍天，這裡的日出日落。這一切都跟經濟無關。我是一個活在古巴的古巴人。就像你回到香港，它根本就是你身體的一部分，就像天氣。」

阿力經常離家在外邊跑，為了工作。「這個區，有比較貧窮的部分，而我就愛坡上那大大的木棉樹，像守護神般穩實忠誠地站在那裡。我愛在家中的天井和走廊看街，我愛跟鄰居聊天，我愛坐在客廳看電視，房間是我的私人空間，我愛待在裡面，想。」想，想阿力在家的懷抱中，靜靜享受他一個人廣闊的美好安全時光。

阿力・安全時光

24 de Febrero, entre 5ta y 6ta, Barrior Obrero

安娜蓓．乾腳和濕腳

安娜蓓的嗓門很大，就像她的體型，尤其是站在毫不張揚的丈夫馬可身旁。喜歡安娜蓓的豪邁熱情，就像她的嗓門，開豁得好像可以容得下一切，清晰得似乎沒有什麼保留。喜歡馬可的細膩隨和，一如他的平實讓人喜愛不能拒絕，就像鄰家小孩，給你暖暖的安全感彷似一張棉被。

二〇一四年十二月十七日當古巴和美國宣布關係正常化時，安娜蓓剛從美國回來，廿五歲的大女兒安娜莉絲年初有一個機會出國到巴拿馬去，隨後輾轉經過六個國家，最後抵達美國，並獲得難民資格，每月得到美國政府的難民資助和福利。安娜莉絲希望最終可以獲得美國國籍。

夫妻倆住在離哈瓦那舊城約七公里外、工人社區聖米格爾一棟破舊樓房內。樓房是六〇年代初的建築物，當時是為了解決周遭工人的住屋問題而建成的。就像一般公營平民區，六棟四層高、每層十戶人家，百分百以「成本效益，實用至上」為原則而設計的樓房，有序地排列，傲視周邊的單層平房。然而因為日久失修，外牆黑黑灰灰，周邊堆滿垃圾，就像一組被棄置的危樓。

安娜蓓和馬可的家在樓房的底層，公寓在側邊加開了一道門通往旁邊的草坪，小公寓一下子就擁有一個開闊的私家花園。進入這個小小的家，家具用品亮麗新穎，比得上一個富裕國家中產家庭的享受。舒適的沙發、大電視、大圓木餐桌，還有一座鋼琴，以及一台存放冷凍肉的大冰櫃。家電如洗衣機、冷氣機、手提電腦等等，一應俱全。

廿年前，夫妻倆從聖埃斯皮利圖（Sancti Spiritus）農村的老家搬到聖米格爾。小公寓本來是馬可姨母的房產，她讓馬可成為繼承人。馬可在工廠開車，安娜蓓則當全職母親。在古巴當司機，收入一般比其他職業豐厚，也多的是賺外快的門路。而因著老家的農村網絡，夫妻倆不時有一些牛骨呀、咖啡呀等稀有食品出售，收入可觀。再加上安娜蓓在美國的姨母不時給他們寄些美元，一家四口子過得比鄰居都寬裕富足。

問小女兒安娜瑪希望到美國去嗎？有點靦腆的小女生爽快而清晰地說：「想！」年輕人想到國外去看看是很自然的事。何況姐姐千辛萬苦已經在遠方落腳，母親經常往來，帶回來美味又款式多元的食用品，美國成為安娜瑪當下生命夢想的終極，是那麼自然而然的事。不知道安娜蓓為小女兒做了什麼安排，只知道她在二〇一五年初又再到美國去了。因為祖輩關係，安娜蓓也持有西班牙護照，可以比較自由地出入美國。她在美國的姨母拿著西班牙護照到美國，現在已經成功入籍成為美國公民。

過去幾十年，美國對古巴人實施俗稱「乾腳」（通過航空或陸路入境）和「濕腳」（從海

VAMOS
TO: USA
FROM: PANAMA
FROM: USA
FROM: MEXICO

安娜蓓・乾腳和濕腳

24 de Febrero, 5ta y 6 ta, Barrio Obrero

路偷渡，一般是橫過墨西哥灣）政策，美國政府只對那些千辛萬苦、冒險抵達美國國土的「乾腳」人士，給予難民資格和不薄的生活津貼。聽到古美關係正常化的消息後，安娜蓓憂心忡忡，擔心古巴人即將喪失美國這些優惠。畢竟，這是女兒安娜莉絲此刻生活所依啊。

問馬可也要到美國去嗎？一貫自在隨和的他說，有機會就去看看，何妨？也許，開了廿多年車的他，很明白在路上的感覺。這裡看過，那裡也看過。感覺他在家裡很自在很快樂。大樓上上下下都認識他，都親暱地喊他「小馬可」（Marqito）。經常看到他和鄰居好友曼紐埃一起在私家花園的草坪前，埋頭在各種高高揭開了的汽車車蓋下，陶醉在他倆裝裝嵌嵌的大世界中。很多時候，一弄就那麼一整天。

隔壁八十多歲的老媽媽蘿莎開始忘記她的過去，已經不能照料自己的日常起居。一天，她堅持自己一個人上街，大樓上下都緊張地趕忙領她回家。最後，是小馬可成功讓蘿莎安下心來，握著她的手跟她頭並頭地喁喁細語，在馬可的私家花園走了兩圈才折返馬可的家。小馬可在家裡給老媽媽蘿莎沖泡了她最愛的香濃古巴咖啡，還讓她聽了一回節奏明快的古巴音樂，領著她跳了幾回騷莎舞。「還是在這裡好。」馬可又展露他親切而平實的笑容。

二〇一六年初，馬可隨家裡三位女士到美國去了。大女兒年中為一家添了個小男孩，臉書上滿是他們一家人快樂的照片。也許，在什麼地方都好，只要一家人都在一起。

佐治．永遠的微笑

二〇一五年初再見佐治，是在海邊我們曾經共事的城市農莊。農莊仍在老地方運作，依然很受歡迎，也許比以前更甚。午飯前後，消費者絡繹前來買菜，期間還有從外國特意來參觀的客人。莊園的前庭多一幅展覽板，介紹農莊歷史和成效等；小賣亭對面是觀賞植物的展售區，前庭擠了點但感覺還是挺悠閒舒適的。我們坐在那熟悉的老榕樹下閒聊，猶如當年忙了半天或吃過午餐後，大家都會在這裡稍事歇息、抽菸、打電話、發呆。有點時光倒流的感覺。

佐治說話聲音溫柔輕細，就如他整個人的感覺，乍見之下跟他高大的身材好像有點不對稱。不會忘記的是他熱愛香水。在古巴那些熾熱的日子裡，我愛噴一點便宜的古巴國產香水，為自己給旁人醒醒神。記得一天，在農莊充斥著吵雜抽風機聲響的狹窄小實驗室裡，佐治說我好香——我噴了古巴國產、帶輕微茉莉花香的 Flash 女性香水，在他冒著汗水的臉上，我看到一抹正做著白日夢般的微笑。此後，先後給佐治送過三款國產香水，他總是珍而重之，連聲感謝。一瓶 Flash 香水當年就要賣四塊外匯古巴披索（約五美元，一百古巴披索），差不多相等於佐治三分之一月薪。二〇一五年那天，跑了好幾個美元店，希望再送給佐治一瓶國產香水，只是，

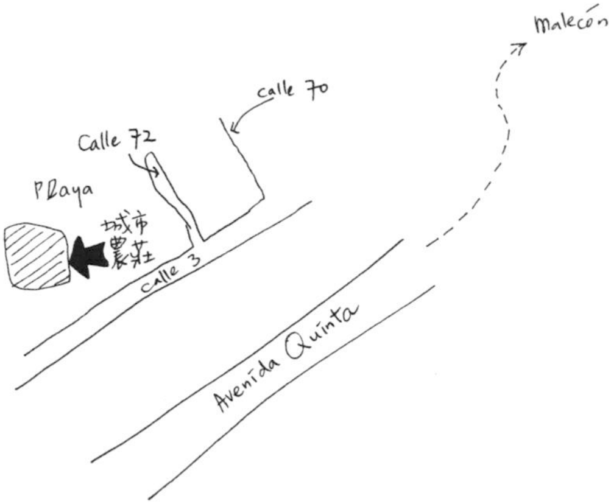

都再也找不到那些價廉物美的國產品了，貨架上差不多全是進口貨，連最便宜的都要十倍於以前的價錢。怪不得當年無論在街上或擁擠的交通工具上飄蕩的香氣，今天已消失得無影無蹤。

海邊這個城市農莊知名度很高，是哈瓦那最早出現的一個城市農莊，由政府農業部把本來寸草不生的垃圾收集站改建而成，搞得有聲有色。農莊內更設有一個小小實驗室，生產廣受歡迎的生物菌肥料，當年就是在這實驗室認識佐治的，他是專職技術員。二〇一五年，農莊主人換了一家生產農業生物物資的企業，實驗室仍然運作，只是工作人員減少了，只剩下佐治一個人，其中一座分離器更在前些時壞了，一直沒有修好。

佐治比很多古巴人幸運，有機會幾度出國：在哥倫比亞住了一年，當時的太太是哥倫比亞人。佐治一個人回來，說哥倫比亞太多暴力，受不了。過去幾年，他兩度出差委內瑞拉，主要受聘培訓一些技術人員，生產對抗穀物害蟲的生物菌。工作讓他賺取相對可觀的工資，可以購買一直可望不可即的電腦、手機和其他生活所需。但佐治說不再去了，「因為委內瑞拉這陣子治安很差，不停的暴力行為，受不了。」

佐治細細地說，依然溫婉輕柔。佐治的工資一直沒有調整過。當年跟所有政府僱員一樣，底薪是三百古巴披索，但可以根據售賣的農穫分紅，每月平均分得三百披索，最多曾經可以分得九百披索，實際上比許多古巴人的收入都要好。古巴人的工資過去幾年也沒有改變，只是賺外快的途徑五花八門、越來越多。然而，物價不斷飆升，連溫文的佐治也抱怨食物太貴，受不了。

「不再去了。」佐治多次說，「還是在家好。」過去十年，佐治跟男朋友在古巴共同經營一個溫馨的家，感情穩定，生活愜意。古巴兩部關於同性戀的電影，都極富爭議，觸動人心，廣受歡迎。古巴友人說，一九八〇年代中的《草莓與巧克力》聚焦男同性戀這個禁區，當時不少男同性戀者因而出櫃，為古巴性別史寫下重要一章。廿多年後，於二〇一五年年公演的《婚紗》則描述革命初期一個（男）變（女）性人備受歧視的故事，震撼心靈，不知道電影能否稍稍改變這些性少數者在古巴的命運。問佐治生活好嗎？他用英語說「I am gay」（我是快樂的）。英語的gay，也解作同性戀。也許他是說自己是快樂的男同性戀者，就像當年他向朋友出櫃時說，自己是快樂的。時光倒流。

佐治・永遠的微笑

Organoponico, La Playa, Havana

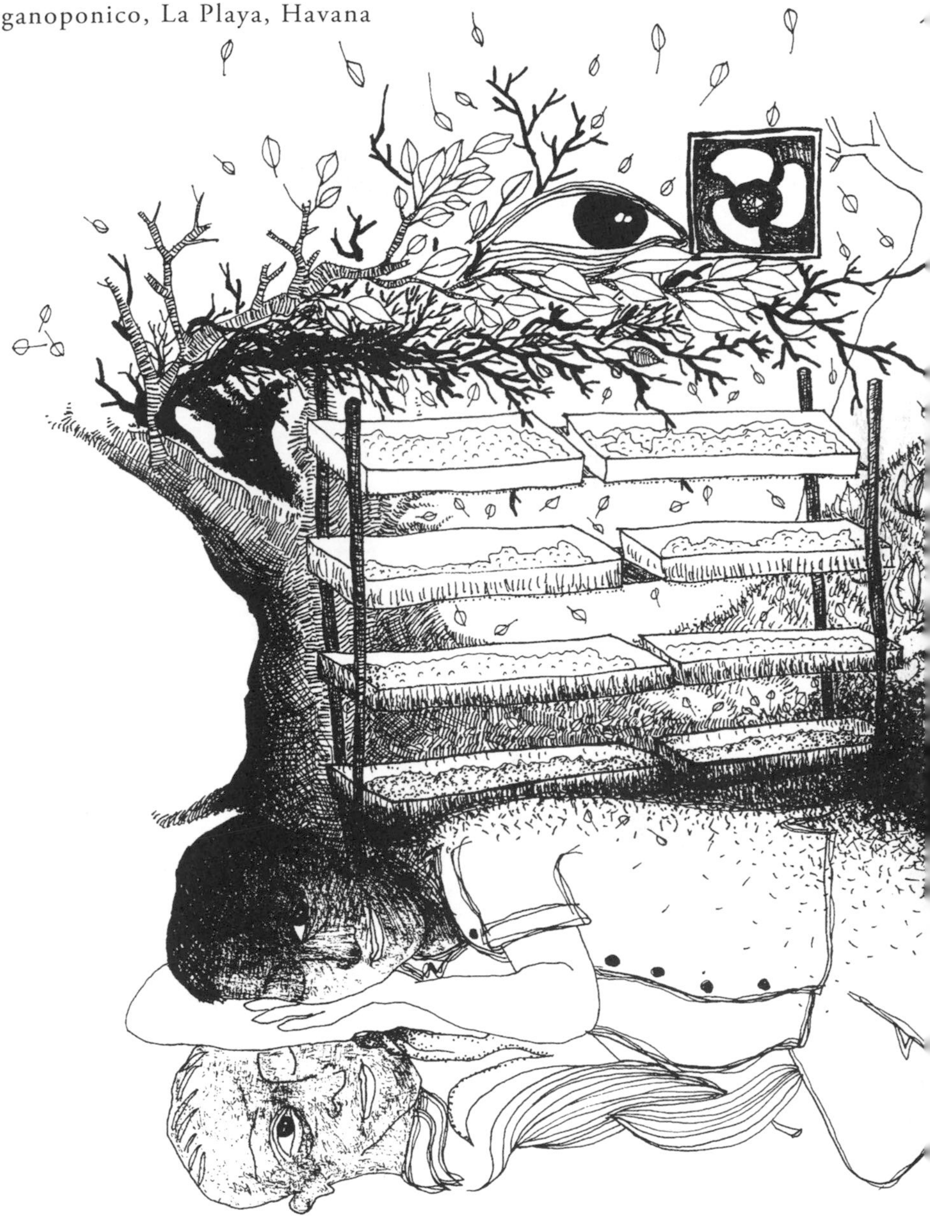

璜娜・花園民宿

來接車的是米徹的媽媽璜娜。經過三個多小時車程，終於從哈瓦那到達西部旅遊小鎮維尼亞萊斯，古巴生態區的所在地，也是古巴雪茄菸葉的搖籃。下車後向那群迎接遊客的人群大喊「璜娜！米徹媽媽！」眾人馬上轉過頭指著一位舉著大傘、拿著一張寫了Juana紙牌的女士。

小鎮中，大家差不多都互相認識，一說璜娜或米徹，大家都能說得出他們住在哪裡、做什麼工作等等。璜娜經營民宿多年，搞得有聲有色，從車站轉幾個彎就到達璜娜那視野開闊幽雅的家。迎面是及人高度的花叢，紅的黃的開得異常燦爛，通過中間的小路走入屋，如果不看前方，就像走進了一個小灌木林。璜娜領我們走進屋內，陽光從兩側照亮整個前廳，溫暖明亮，牆上掛著一幅大大的照片，是璜娜女兒的人像照。一列客房在左邊，還有璜娜的房間以及浴室。飯廳和廚房在後頭，屋樑和柱子邊，擺放著用廢棄塑膠做的漂亮裝置，饒富創意，而櫥櫃旁的雜物架則是用舊風扇罩做成的，幾層不同大小的風扇罩，實用簡樸，別有姿態。

步出後院，就進入米徹的工作間——理髮室。泥地上精心搭建起來的蔭棚下，是米徹為男士們理髮的地方：高凳子前是光亮的鏡子，旁邊是小小的洗手盆，安靜地擱在邊上的是一雙染髮用的塑膠手套、小梳子，甚至髮捲，一應俱全的專業理髮廳。

二〇一五年初，坐在寬敞舒服的飯廳中，璜娜為客人準備香濃的古巴咖啡。抹掉桌面那層灰塵，璜娜說她不再搞民宿了，輕輕地說來，沒有重量。璜娜與當體育教練的丈夫結婚四十年，幾年前丈夫出差到瓜地馬拉，跟當地一個年輕女子相好，決定不再回家。那時，璜娜發覺自己罹患癌症，現在還在康復中。身邊唯一的女兒，兩個月前也跑到瓜地馬拉跟父親會合，應該也不再回來了。兒子米徹三年前跟一位香港女子結婚，決定移居他鄉。一年前兒子回古巴探望家人，因一些海關公文問題而滯留在家十個月，離開前給媽媽買了一隻小狗，陪媽媽做伴。才幾個月大的小狗跟著璜娜的腳跟出出入入，活潑靈巧，確實為偌大的屋子帶來久違的生氣。

從璜娜家的屋頂可以看到遠方連綿的山巒，周邊鄰里大多經營民宿。對面小屋前，就安坐著兩個正在看書的年輕西方女子，隔壁屋頂上躺著享受和煦冬日陽光的遊客。璜娜的親戚大都住在附近，也都陸陸續續在裝修屋子，招待越來越多的外國遊客。維尼亞萊斯風景優美、歷史悠久，是旅遊古巴西部地區最受歡迎的落腳點，大街上不少老房子忙著整裝迎接遊客。

此刻，璜娜和她悉心培育的花園民宿，卻斯人獨憔悴。璜娜說她一個人再沒有精力經營民宿了。癌症雖然已經慢慢治癒，但又有高血壓，生活大小瑣細事繁多，很是累人。況且，「一個人很寂寞呢！我想到香港去，跟兒子在一起。」璜娜摸著腳跟旁的小狗說。安靜不下來的小狗跑出跑入，好奇貪玩，總愛追咬自己的尾巴，不斷轉圈。

璜娜・花園民宿

Barrio la Ceiba, Viñales, Pinar del Rio

第三部

古巴精神

一人一個夢想

現在進行式

二〇一五年八月，美國一家電視台首播名為《再發明古巴》（*Reinventing Cuba*）的紀錄片，介紹古巴在生物技術、醫藥科技、實用手藝、藝術設計、雜誌等不同領域的最新發展。當中的主旋律是古巴人獨立、善於創造、極富創意和充滿生命力的個性，還有人們如何在幾十年的逆境中，建立一個個奇蹟。

古巴在醫療方面的成就，可以媲美所有先進西方大國，無論是醫生的人口比例、人均壽命、人道支援方面等，都是佼佼者。二〇一五年非洲爆發伊波拉疫症，古巴派出了數百名醫療人員前赴災區，人數之多為全世界之冠。在特別困難時期，古巴因缺乏石化燃料、外匯而大力推動城市農耕、生態農業；今天，城市農莊已經成為古巴城市人主要的菜籃子，經驗更推廣到其他國家，每年到古巴取經的人絡繹不絕。

很多人選擇離開，更多人留下——或者該說選擇留下，努力創造，讓看似不可能的夢想成真。紀錄片訪問了才廿五歲的羅賓・佩德拉加（Robyn Pedraja），他在這個依然是網路荒原的國度，創辦了古巴第一本線上雜誌《Vistar》，以藝術文化和夜生活為主題，吸引酒吧、餐廳和藝術家等廣告。影片中的他仍然沒辦法解決上網問題，像大部分古巴人一樣，要大老遠跑到市中心的酒店，購買每小時約六或七歐元的無線上網服務，聯繫客戶。另兩位年輕女設計師則開辦了首都第一家獨立設計店，對象是那些沒有能力出國購物的新中產階級。物資缺乏，她們以美感、概念和內容取勝，例如從坊間買入女士購物用的二手麻布糖袋，進行第三手製作，強調「二手物料再循環」的價值。

夢想，古巴不缺。也許這本來就是古巴人的文化特質，一代代移民從四方八面，在不同年代因著不同原因來到這個蕞爾小島，在無數的未知和不知中出發。不會更惡劣的，只要有夢想，活著，可以更美麗。活著，就是奇蹟。

奧達莉——小生意人的夢想

只要音樂響起，奧達莉的屁股就會隨著搖擺，口中唱起歌來。愛跳，愛笑，愛家人，愛小孩，愛生活。

二〇一六年滿四十七歲的奧達莉是三個孩子的母親，先後有兩個丈夫。奧達莉讀牙科護理，曾經在一家牙科診所當護士超過十年。第一位丈夫是白種古巴人，當警察。

大兒子阿力遺傳了兩人最好的基因，健碩，俊朗。第二位丈夫是軍人，健康出問題後退役，當上夜間守衛。小女兒像父親般嬌小，立志當醫生。

生活艱難，奧達莉以似乎耗用不盡的幽默和幹勁回應。伴著她成長的舅舅說她是天生的生意人，什麼事情到她手上，都可以變得有利可圖：出租電話、衣服買賣、修指甲……名符其實的生活鬥士。她的字典中沒有「不可能」三個字。

奧蘭度—民宿老闆的夢想

「我不是搞資本主義，我就是資本主義。」四十多歲的奧蘭度口氣很大，毫無顧忌。

也是，只短短一兩年，奧蘭度的民宿生意就經營得有聲有色，已經有盈餘了。他趕上了古巴政府開放房屋買賣的政策，因家人移民法國的關係，有資源買下哈瓦那城中一間屋子經營民宿。他一心一意，要做一門賺錢的生意。

他心中有一幅更大的圖畫：國家會繼續開放，政策會越來越寬鬆，遊客會不斷增加，民宿的需要繼續上升，奧蘭度民宿要成為全國連鎖店，賺更多更多的錢。

他就是資本主義。

阿力—匙鎖匠的夢想

那天約阿力談他的生意大計，時間剛到他就抱著電腦敲響大門。

以為他要給我看一些簡單的照片，但打開的檔案居然是有願景、有使命、有核心價值、有策略、有具體行動的公司介紹和工作計畫。一點也不賴。想像不了做鑰匙門鎖生意，怎麼可以養活一家五口。特別是在物資極度短缺的古巴。

在過去十多年，阿力一直在嘗試，迎難而上。家中大廳的工作間，只容得下一個人：就那麼一個座位，前面一副機械，下面一個塞滿工具的櫃子。

最後，他興奮的告訴我，快要在附近開另一家新店，形成一個連鎖。那裡地方比較大，還可以搞些社區活動呢。阿力一直為自己的生活增添豐富的色彩，不斷拉闊地平線。

他說他是活在古巴的古巴人。

〔後記・古巴，再遇〕

二〇一七年初，舊城區軍操廣場（Plaza de Armas）舊書報小攤上，本來一份只賣〇・二古巴披索的當地報紙《格拉瑪報》，現在叫價五到八外匯披索（折合約一百二十到一百九十二古巴披索），全因為那是卡斯楚過世的相關報導，洛陽紙貴。卡斯楚生前立願不容許個人崇拜，不得建碑立像，但跟他有關、各式各樣的大小海報標語卻到處都是。

哈瓦那別來無恙。自從二〇一四年古美宣布關係正常化後，世界吹起一陣古巴熱風；二〇一六年末卡斯楚離世，更讓古巴熱潮再次升溫。二〇一七年即屆八十六歲的勞爾宣布會在二〇一八年退下來，很快，古巴將正式進入沒有卡斯楚、也沒有革命一代管治的新歷史階段。

二〇一七年的哈瓦那多了一份浮躁。街上出現裝潢精緻的商店和餐廳，市場貨架上陳列著誘人的商品，民宿主人忙著購備一盆盆供客人飲用的啤酒清水，路上穿梭著簇新的出租車與色彩繽紛翻新了的五〇、六〇年代美國房車，機場車站旅遊區擠滿來自世界各地的遊客。古巴朋友們顯得有點疲累，大家都說古巴進入了另一個困難時期：二十多年的禁運還沒有解除，一直以石油支持古巴的友邦委內瑞拉經濟一蹶不振、自顧不暇，短時間內湧至的大量遊客一下子令基本物質和服務供應緊張，陸續開放的市場經濟與社會主義中央操控制度持續角力拉扯，人才繼續流失……市中心快速轉變的繁榮景象，對比著似乎被遺忘的破陋邊緣社區；興致高昂享受餘暇的旅人，與必須越來越吃力經營日常生活的古巴人，吊詭地貼身凝視。

已經移民外地但剛在哈瓦那開辦一所民宿的費爾勒，說自己是個百分百樂觀的悲觀主義者。「當這（革命）一代都離開後，缺乏意識型態和理想信念的官僚階層就會掌權，他們已經等這機會等了好久，並已經做好準備。」費爾勒說的準備，是官僚們可能會為了謀取私利而出賣古巴百姓的福祉。他的這番話，讓我想起印度西北部曾經被認為是世外桃源的拉達克（Ladakh）——在一九七四年開放旅遊前，這個外號「小西藏」的地方儘管氣候嚴峻、資源稀少，但當地那節約、互助、與環境並存的傳統文化生活，卻哺育了一個人人稱羨的快樂自足社區；打開大門後，拉達克逐步融入所謂現代化全球化的秩序：社會開始撕裂、人心變得貪婪、環境快速受到破壞……。拉達克與古巴存在於很不一樣的文化經濟和政治時空中，或許不能直接類比。明白，每一段歷史都有它獨特的邏輯倫理，每一次歷史震蕩，都有它的功課，值得深思學習。明白，險象或許遍布，而機遇該也不缺。

快樂和福祉的定義與認知，每個人有不同版本。而費爾勒是樂觀的——他像大部分古巴人一樣，繼續繪畫他的夢想，持守理想信念，做好本分，活出在種種限制中力所能及的快樂的現世今生，也有他／她／牠／它們的來生。有幸再遇。古巴。

古巴精神！

一千一百萬人的奇蹟，與逆風而行的勇氣

作　　者　陳惠芳（芳子）
執行編輯　吳佩芬
封面設計　呂德芬
行銷企劃　林芳如
行銷統籌　駱漢琦
營運總監　盧金城
業務發行　邱紹溢
業務統籌　郭其彬
副總編輯　蔣慧仙
總 編 輯　李亞南

特別感謝　Mr Peter Arfanis
Mr Eduardo Freyre Roach
陳美玲 內頁圖片提供
Bud Ellison CC-by 封面下方圖片

發 行 人　蘇拾平
出版　果力文化 漫遊者事業股份有限公司
地址　台北市松山區復興北路三三一號四樓
電話　886-2-27152022
傳真　886-2-27152021
讀者服務信箱　service@azothbooks.com
果力 Facebook　http://www.facebook.com/revealbooks
漫遊者 Facebook　http://www.facebook.com/azothbooks.read
劃撥帳號　50022001
戶名　漫遊者文化事業股份有限公司
發　　行　大雁文化事業股份有限公司
地址　台北市松山區復興北路三三三號十一樓之四

初版一刷　2017 年 3 月
定　　價　台幣 380 元
ISBN　978-986-94287-1-2

國家圖書館出版品預行編目 (CIP) 資料

古巴精神！一千一百萬人的奇蹟，與逆風而行的勇氣 / 陳惠芳文字．繪圖．-- 初版．-- 臺北市：果力文化，漫遊者出版：大雁文化發行，2017.03
232 面；15x21 公分
ISBN 978-986-94287-1-2(平裝)
1. 遊記 2. 人文地理 3. 古巴
755.839　　106002510